FLORÁNGEL QUINTANA

EL RITUAL PARA ESCRIBIR TU PRIMER LIBRO DE NO FICCIÓN:

LA CLAVE DEFINITIVA PARA CREARLO

A mi madre amada,
la primera contadora de historias
de mi vida y la que me enseñó a
hacer las cosas en orden y bien.

ÍNDICE

ÍNDICE	*7*
PRÓLOGO	*9*
PALABRAS DE LA AUTORA	*15*
EL RITUAL COMIENZA ASÍ	*35*
TEN UN ESPACIO PARA CREAR	*39*
INVESTIGA, LUEGO ESCRIBE	*47*
SIÉNTATE A ESCRIBIR EN SERIO	*75*
RELEE LO ESCRITO… POR TU BIEN	*117*
REVISAR LO DICHO O ¿HICE LO QUE DIJE QUE IBA A DECIR?	*125*
GUARDAR AHORA O BORRAR PARA SIEMPRE	*139*
ESCRIBIR PARA QUÉ	*149*
AUTOANÁLISIS DEL ESCRIBIDOR	*161*
EL RITUAL CONSAGRADO	*181*
RESEÑA BIOGRÁFICA	*207*

PRÓLOGO

Escribir un libro puede convertirse en un profundo anhelo plagado de incertidumbres y oscuridades. ¿Por dónde empezar? ¿Cómo aterrizar las ideas en el papel? ¿Qué contar? ¿Cómo contarlo? ¿Para qué voy a contarlo? ¿A quién voy a contárselo?

Además de esta letanía de incertidumbres, se suman las que destila tu crítico interior, que, sin reparos, puede atormentarte persistentemente con interrogantes como: ¿Seré capaz de escribir un libro con los conocimientos que tengo? ¿Cuento con la suficiente experiencia para atreverme a ser escritor/a? ¿Tendrá algún valor lo que quiero compartir? ¿Existirán personas interesadas en lo que quiero contar? Y podría seguir deshojando esa margarita llena de infinitos pétalos florecidos al calor de las inseguridades, miedos y prejuicios personales.

El ritual para escribir tu primer libro de no ficción es un libro que nace con la intención de iluminar ese panorama de dudas y sombras tan propio de un libro primerizo de no ficción. Florángel te ofrece una herramienta poderosa para ti que quieres contar tu camino de vida y profesión; para ti que deseas compartir las anécdotas y experiencias del origen de una idea de negocio; para ti que quieres contar el punto de inflexión que te llevó a iniciar un camino de transformación; para ti que quieres divulgar un método o metodología que ha cambiado tu vida personal, familiar, laboral o espiritual.

Muchas personas pasan años coqueteando con la idea de escribir su libro. No son pocos los que acumulan años alimentando un "deseo", sin alcanzar resultados tangibles, probablemente porque tal y como lo advirtió el escritor francés, Antoine de Saint-Exupéry: "Una meta sin un plan es simplemente un deseo".

El hecho de que estés leyendo este libro de Florángel es una señal de que estás decidida/o a trascender el deseo, estás decidida/o a sacar a la luz ese libro de no ficción que llevas dentro. Estás a punto de emprender un viaje a puerto seguro. Florángel a través de estas páginas te invita a abrirles las puertas de tu vida diaria al proceso escritural, cada día-tarde-noche, de manera inalterable y sostenible.

Este libro que ya empezaste a leer, te ayudará a escribir día a día, ritualizando el acto, llenándolo de significado. Leyendo este libro descubrirás que, al convertirte en el creador de una rutina de escritura, serás capaz de proteger tu autocompromiso, tu constancia y persistencia. Te aportará la solidez intelectual y emocional que requieres para afrontar la escritura de tu primer libro de no ficción.

Con un lenguaje sencillo, pedagógico y con un tono muy cercano, Florángel te lleva de la mano en el proceso de construcción de ese ritual que será el aliado consistente para escribir tu primer libro de no ficción.

El recorrido que ofrece el libro es ágil, ordenado, lúcido y rico en información práctica. Los capítulos siguen el orden natural de un ritual (principio, desarrollo y cierre) lo que permite seguir la información e implementar las acciones de manera inmediata. Es uno de los escasos libros que no se detiene en los "¿qué?", sino que se explaya y ahonda en los "¿cómo?", algo que todo lector curioso y ávido de "tomar acción" agradece de antemano.

Me atrevería a decir que el libro que Florángel nos ofrece una "bitácora de gestación de tu libro de no ficción". Estoy segura de que estas páginas que tienes delante se convertirán en compañeras leales y generosas en la elaboración de tu libro.

Sin duda alguna El ritual para escribir tu primer libro de no ficción será un libro iluminador para todo aquel que desee estrenarse en la creación de un libro de no ficción.

Adriana Vieira-Lara

El Retiro, Antioquia, Colombia 11-VII-2023

PALABRAS DE LA AUTORA

Estás a tiempo de hacer lo correcto. Hacer un libro+. Desde esa reflexión me paro en la acera del que desea escribir. Un libro en el mercado editorial que llega para aportar algo positivo, algo <u>más</u> humano.

Si eres de las personas que está enfrascada en una idea que no avanza o si por el contrario sueñas con un libro de no ficción futurible, que es posible que sea realidad, estas páginas te ayudarán a crear ese ritual propio en el acto de escribir.

Porque todo el mundo puede escribir, ¿no es así? Sí, ¡por supuesto! Pero no todo el mundo sabe cómo empezar a hacerlo. O cree no tener suficientes palabras o piensa que es soso lo que dice o se queja de sus faltas de ortografía o confiesa que tiene una redacción que deja mucho que desear o no tiene idea de cómo ir enlazando parte a parte y darle continuidad. Sin embargo, seguimos viendo que hay millones de libros publicados en internet. Y eso se debe a la *gente que se programa para ver su sueño de escribir hecho realidad.*

Con la ola de la autopublicación podemos constatar en Amazon un sinnúmero de títulos de libros que van desde soluciones mágicas a problemas diarios hasta historias de emprendedores. Textos que aconsejan cómo publicar y ser un *bestseller* en 30 días; ideas sobre cómo criar a niños de la generación Alfa y muchas historias personales dignas de una serie en Netflix.

A los que tenemos el leer como distracción y profesión puede ser toda una experiencia surrealista catalogar los tipos de personas que escriben libros. En la mayoría de los casos hablamos de individuos como cualquier hijo de vecino que tuvo una epifanía y dijo: ¡ya, voy a hacer un libro!, como quien se levanta del sofá con hambre y decide prepararse una merienda.

Sí, intuyo ese pensamiento que acude a tu mente en este instante: ¿Me vas a motivar a escribir o qué? Te voy a inspirar, ese es mi objetivo.

Me atrevo a escribir estas ideas escudándome en mi placer de leer que responde a mi formación académica. Siendo de Letras y habiendo estudiado formalmente sobre el valor de la palabra y el gozo de lo literario, pues quiero decir algo al respecto: **escribe, alguien espera por tus palabras experimentadas.**

Eso lo creo con todo el corazón, de eso hablo siempre, como cuando gracias a mi querida amiga Adriana Vieira-Lara, @lectorunner, conversamos sobre la posibilidad de escribir un libro para ayudar a aquellas personas que deseaban hacer su primer libro. Para esos escritores noveles que tienen una idea de libro deambulando imparable por su mente y necesitan una guía para enfrentarse a la página en blanco, para ponerse a escribir de forma decidida.

Saber la mejor ruta para comenzar a hacerlo y, sobre todo, para no rendirse en el proceso. Por ello me sedujo pensar sobre dar mi aporte para hacerle entender a alguien interesado que sí puede hacerlo, que sí puede pensar en contar su historia o compartir sus conocimientos.

A esa persona que tiene una historia que contar sobre sus inicios en su negocio, sobre la montaña rusa emocional y financiera que tuvo que pasar para llevar sus ideas comerciales al éxito.

Justo en este libro de no ficción quiero entonces propiciar ideas que iluminen las dudas de esos deseosos de llevar su pensamiento creador a un producto escrito tangible.

Hacer tu primer libro implica compromiso, trabajo constante y unas ganas enormes de verlo hecho realidad.

Por otro lado, hacer un libro de no ficción requiere una disposición para reproducir con verosimilitud hechos que alguien desea dar a conocer de su mundo peculiar. Aquel que cuenta, desde una verdad constatable, acontecimientos y circunstancias que le sucedieron e hicieron cambiar su vida.

Las biografías, las historias del origen de ideas de negocios, las explicaciones sobre un método específico, las experiencias significativas de vida pueden conformar libros de no ficción.

No es el reino de la imaginación lo que se despliega, es la autenticidad de unos hechos que desencadenaron un aprendizaje que se desea compartir con otros; la visión que un/a autor/a tiene —cual llama interna— para expresar su mensaje con el deseo de calentar a otros corazones creyentes en posibilidades.

Los emprendedores tienen buenas historias para inspirar a muchos sobre su proceso de negocio, sus aciertos y sus fracasos.

Las emprendedoras pueden aportar mucho sobre lo que les ha significado ser mujeres de ideas que facturan, que pagan impuestos mientras mantienen sus vidas personales a flote con padres ancianos, hijos, maridos o parejas.

Quien escribe su primer libro —y es de no ficción— desea dar a conocer algo que le resulta imprescindible sacar a la luz. Su anhelo está en contribuir, de alguna manera, a hacer de las relaciones humanas un vínculo hermoso de saberes. Es un/a profesional que ha desarrollado un método, ha creado un sistema o se le ha ocurrido algo que le facilita o mejora la vida a los demás.

La voz de la persona que cuenta nos habla de que ha pasado por una transformación intensa o que descubrió cómo enfrentarse a una situación retadora o nos muestra la manera como resolvió una cuestión desafiante en particular.

Esa persona escribe pensando en aquello que le hubiera gustado leer cuando inició su emprendimiento; eso que le hubiera gustado hojear para aprender mientras comenzaba su recorrido comercial entre dificultades y temores.

Por eso me gusta imaginarme que eres de ese grupo de gente que sueña con escribir para inspirar a otros, y para ti escribo este libro.

Decido dirigirme a tu yo-escritor/a, aunque todavía no puedas visualizarte con claridad haciendo el libro que te da vueltas en tu mente inquieta.

Lo significativo de que lo escribas desde la no ficción es que representa algo fácil de comprender y puede llegar el mensaje aleccionador a cualquier

persona. El punto es contar lo que deseas con toda la emoción de quien da a conocer un secreto valioso. De esta forma los lectores leerán sin esfuerzo y disfrutarán mucho lo narrado.

Cuando se hace un libro de no ficción se plantea un texto comprensible, sencillo en sus explicaciones, cercano en su expresión, y más aún, auténtico y honesto, pues representa, en muchos casos, un relato de vivencias personales que marcaron la vida de quien narra.

Por ello celebro que estés leyendo esto, porque sé que hay un deseo de escribir que está llamando a ser atendido con prontitud. Y es un hecho, cualquier persona con las suficientes ganas puede construir el libro de sus sueños, además, por fortuna la industria editorial y la era digital se llevan muy bien y la llegada de los libros para todos los gustos está viva y con buena salud.

Tengas conocimiento de literatura o no, sea cual sea tu profesión u oficio, si quieres escribir un libro, te digo: ¡pues hazlo!, será una experiencia

que marcará un hito en tu vida y transformará todo a tu alrededor.

De seguro en tu campo profesional has aprendido algo que deseas comunicar a otros porque es valioso. Quizá te has capacitado en un área que te ha permitido comprender más el alma humana, digamos que eres terapeuta, psicóloga, *coach* o mentor, y quieres ayudar al autodescubrimiento de otros, de muchos. O, tal vez, te hayas desarrollado en un oficio que te ha llevado a crecer de forma significativa como empresario/a o emprendedor/a, y ahora quieres retribuir con consejos a quien necesite creer en el valor de las cosas ganadas con dedicación y que pueden convertirse en negocios estables, que agregan valor a una comunidad, sustentan a un grupo familiar y generan ganancias importantes.

Si sabes, si tienes confianza en tu saber, si estás con la suficiente motivación al logro de tu objetivo, entonces escribir tu libro de no ficción será una tarea sencilla y organizada de hacer. Puede, asimismo, ser una puerta abierta a nuevos

encuentros con personas interesadas en ti y en lo que relatas.

Así tras el suspiro de muchos de soñar con hacerse escritor o escritora y tener el brío de pulir con hermosura las palabras para dar a disfrutar a otros, está la realidad de la actividad escritural. Entonces... ¿Qué debe tener esa persona que quiere recrear historias en su primer libro de no ficción? Requerirá, y en grandes cantidades, de compromiso, valor, disciplina y mucha emoción para expresar, para cautivar, y de ello se trata este libro que estás leyendo ahora.

Para hablar sobre este tema realicé una investigación. Lo primero que investigué, sí, porque averigüé muchos datos interesantes de este *boom* de hacerse escritor/a fue que, al parecer, no es necesario tener un talento especial. Basta con solo **desear con intensidad poner *algo* por escrito**. No, no hace falta que tengas estudios letrados, que tengas una maestría o incluso un posdoctorado para hacerte de un libro propio en tu biblioteca. El asunto dicho de manera sucinta es montarse en la ola de poner con orgullo en la bio de Instagram: *Writer / Escritor / Autor en Amazon.*

¿Entonces es puro ego, egolatría resplandeciente? No del todo... y sí, un poquito, quizá. ¿Qué tiene eso de malo? ¡Nada! Mientras seas genuino/a en el propósito de transmitir tus vivencias para la comprensión de otros, solo te digo que te confrontes con tu deseo y lo lleves a la realidad.

Escribe aquel que tiene algo para decir.

Y si tú eres de las personas que creen en su potencial, consideras que sí tienes en tu mente un libro posible, entonces es el momento de hacerlo real y tangible. Convertirte en ese escritor, esa escritora que sueñas ser.

Ahora bien... Siempre ha habido voces que han desestimado a los novatos y no profesionales letrados que desean escribir. Los críticos literarios (de los que soy parte, aunque no comparto esta idea) han puesto una barra altísima para los que pretenden cumplir su sueño como escritores. Son duros señalando a los que autopublican sus primeros textos. Sin embargo, hoy hay mucha competencia en la autopublicación y es una industria con un desarrollo enorme.

Lo único importante es crear una tribu de escritores digitales que pueda llevar a cabo la promoción en librerías, he allí el reto. Ojalá pronto consigamos la manera de encontrar en estantes accesibles en muchas librerías, esos libros publicados con más amor que deseo de triunfo marquetero.

En el mundo de la autopublicación la mayoría no sabe cómo promocionar su libro; las ventas son entre familiares y amigos fieles. El público objetivo hay que descubrirlo como investigador privado. Por suerte las redes sociales están allí para soportar el *spam* de los que se quieren dar a conocer. Instagram, en este sentido, es la plataforma reina del mercadeo actual, al menos para el momento cuando escribo estas líneas.

La influencia de la autoedición digital es tal que hasta las editoriales tradicionales han incursionado. Por ejemplo, Caligrama perteneciente al grupo Penguin Random House dispone de varios paquetes para el asesoramiento de un escritor novel en desarrollo, por igual hay otras que están en la conquista de esa opción práctica para llegar a los escritores enfocados en mostrar su talento y a los lectores dispuestos a pagar por ello.

Cada vez hay más gente que compra libros autoeditados, pero no siempre el producto ofrece una calidad alta en el aspecto literario o de cuidado en el mensaje, el contenido y las formas, y eso responde a que ese escritor o esa escritora, no tenía un ardor interior por compartir sus ideas y no decidió hacer un trabajo metódico, así no solo no programó su mente, sino que tampoco estructuró su *tiempo efectivo* para hacerlo pensando en un resultado excelente.

Algunas personas se estancan en la idea de hacer su primer libro, pero no terminan de iniciar la escritura. Otros se desinflan porque creen que no pueden llevar a cabo un proyecto de más de 50 páginas. Hay otros que dudan si confiar en la inteligencia artificial para que escriba por ellos.

Si hay un impulso para escribir, si existe el talento para hacerlo, si el deseo es vivo y perseverante, entonces tienes un libro *a punto*, con la sazón y la cocción necesarias para hacerse un producto rico y nutritivo en sus aportes, y he aquí mi contribución: mostrarte qué pasos debes seguir que te lleven al libro publicable.

Por esta razón te presento estas ideas que se asocian a crear una rutina que generará el hábito en el proceso de escribir ese libro de no ficción que tendrá una buena narrativa, de seguro. A lo largo de cada capítulo estaré dándote nociones que deseo disfrutes leyendo tanto como yo lo hice al escribirlos.

Este libro es mi apuesta mayor para ayudar a quien pudiera estar sintiendo que no tiene asidero para sortear todas esas ideas que andan corriendo de un lado para otro dentro de su mente.

Dar el paso inicial puede costar. No hacerlo tiene un costo mayor, te lo aseguro. Nuestra autoexigencia y crítica constante nos podrían detener en el cumplimiento de ese deseo que nos late adentro, sin contar con las otras voces cercanas de familiares y amigos que muchas veces —sin pretenderlo de forma consciente— truncan nuestros anhelos más íntimos. No obstante, es cuando te enfrentas a tus miedos e ignoras a los demás con sus juicios cuando la decisión la tomas y te ves frente al computador escribiendo sin más.

Yo tengo por ahora tres libros publicados[1] y es desde mi experiencia en el rigor, la disciplina y el compromiso que decido darte estas ideas que te van a ayudar.

Este ritual que leerás representa una serie de pasos que te permitirán abonar ese camino de la producción escrita que quieres crear, que deseas con fuerza y motivación interior, que sueñas ver florecer en los estantes y en los *Kindles*. Tu libro ansiado dependerá de esa rutina que se convierta en un acto consciente y decidido para hacerlo realidad.

Tendrás que ser responsable contigo mismo/a. Tu libro será publicable solo si lo quieres de verdad.

------

1   Todos de venta en Amazon

Basta con un deseo como un fósforo para encender una yesca y producir una fogata de animosidad por poner tus palabras en papel.

Enciende en ti ese calor por sentirte capaz de decir grandes cosas o sencillas, no importa, pero eso sí, cree con firmeza, afírmalo, que tienes algo para compartir con el mundo y créalo en tu realidad.

Ama lo que tienes por decir y dilo. Afuera habrá un lector esperando esas palabras alentadoras, expertas, sensibles.

Cuestiona lo que sabes, perfecciona lo que no sabes mucho y cambia el mundo a través del libro que empezarás a hacer el día de hoy. Sí, porque hoy podrás comenzar a pensar y a vislumbrar esa primera creación escritural de otras que vendrán, si así lo sueñas.

He dispuesto líneas para que seas tú, la escritora, el escritor en potencia, quien comience a ponerle claridad a sus ideas vagas sobre el libro por hacer. Leerás de hábitos y recibirás recomendaciones que buscan inspirarte a ver la posibilidad de tu libro hecho como una total verdad.

Esto lo estoy escribiendo porque ya estuve entre la crítica despiadada hacia mí misma, y siendo de Letras, de literatura, te imaginarás. Pasé por una crisis de vulnerabilidad creyendo que no tendría ideas para expresar, en esa creencia falsa de que todo está dicho en el mundo, por supuesto que sí hay mucho por decir todavía. Llegué a sentirme como una pobre desvalida de palabras. Tuve un tiempo donde mi síndrome impostor me atizaba con dudas. Sin embargo, superé mis bloqueos creativos, mis momentos de incertidumbre, incluso una etapa de procrastinación y escribí el libro que quería.

Hoy te digo que ***el ritual para escribir tu primer libro de no ficción está a una acción consciente de tu mente***.

Sigue leyendo y déjate llevar por esa motivación que tienes agazapada. Dale campo para que salte y empiece a moverse entre tus ideas diversas, y llegue a tus dedos ansiosos por llevar la palabra pensada y sentida hasta las oraciones continuas que te lleven a darle el punto final a tu sueño por publicar.

Quizá las primeras frases sean de duda. Tal vez ese primer párrafo te parezca desabrido. No te releas tan de inmediato. Solo debes enfocarte en desatar tu creatividad, soltar tus pensamientos sobre el papel; hacer bailar tus dedos en el teclado y decir, decir, decir, hasta que no haya otra frase, otra idea, otro pensamiento que quiera dejarse ver.

Pasarán muchas cosas adentro de ti cuando empieces a escribir. Cuando menos lo pienses estarás necesitando aislarte para escribirte, para expresarte, porque en principio escribimos para nosotros mismos. Lo importante es que te pongas en acción.

Ya lo dijo mi bien amado, mi escritor favorito:

> *Uno por ciento de inspiración y 99 por ciento de transpiración. Aunque también defiendo la inspiración. No en el sentido que le daban los románticos para los cuales era una especie de iluminación divina. Lo que sucede es que cuando se empieza a trabajar seriamente un tema y a cercarlo, a acosarlo, a atizarlo, llega un momento en que uno se identifica con él de tal modo y lo domina tanto, que se tiene la impresión de que un soplo divino se lo está dictando. Ese estado de inspiración existe, sí, y cuando se logra, aunque no dure mucho, es la mayor felicidad que se puede tener en el mundo.*

GARCÍA M., GABRIEL

en "El oficio de escritor"

Así que busca algo para beber, ten una libreta para apuntar ideas, un bolígrafo dispuesto a sacar toda su tinta y un resaltador a la mano para destacar algo que resuene contigo al leer este libro que he hecho con profundo afecto y respeto.

Siéntate, ponte en tu mejor posición.

Sácate los zapatos, ponte cómodo/a, mantente en estado relajado y comienza a disfrutar este libro hecho con amor a las palabras para mejorar ese acto noble de decir algo con propósito y alentar a quien sueña con crear su primer libro de no ficción.

Espero lo aproveches, fue hecho justo para ti.

FLORÁNGEL QUINTANA

Instagram. @florangel.quintana / Telegram: @escribeconflorangel

Mi post de Instagram que inspiró este libro

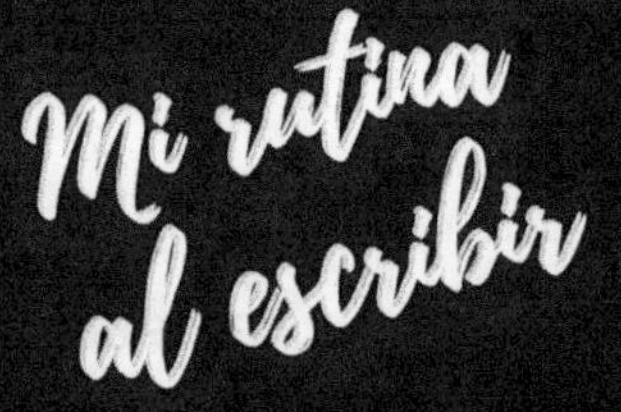

EL RITUAL COMIENZA ASÍ

«Solo fracasas si dejas de escribir».
RAY BRADBURY

Aunque la palabra la define la Real Academia de la Lengua española en su primera acepción como un conjunto de reglas establecidas para el culto o ceremonias religiosas, y como segunda acepción como costumbre o ceremonia, quiero darle un giro más cercano a la palabra **ritual** como el **refuerzo de una actividad cotidiana de forma invariable.** Esto significa que el acto de escribir ese libro primogénito supondrá llevar a cabo el proceso escritural día a día, de manera inalterable y sostenible en el tiempo que te tome hacerlo.

Sencillo de entender y de una obviedad enorme: vas a sentarte a escribir cada día hasta terminar tu libro.

Hay una verdad de Perogrullo del tamaño de un templo: aprender a escribir se realiza en gerundio, escribiendo. Esta es la columna, la razón de ser del escritor, de la escritora y es donde nacen todos los rituales asociados al acto de plasmar palabras en una página en blanco. Es en este momento donde empieza la magia y te haces un poco Dios-creador y te surgen las ideas divinas.

Tómate el tiempo para disfrutar de este rito de iniciación a la escritura.

Como todo ritual involucrará que una serie de prácticas las hagas repetidamente y de manera responsable en tu tarea como escritor/a. Por ello invierte tu tiempo en escribir tu libro, en serio, con rigor y empeño, con amor al poder de las palabras para que te recompenses a ti mismo/a.

Un hábito supone una acción hecha tantas veces que ya no piensas en lo que llevas a cabo, como lavarse los dientes, por ejemplo. En cambio, **un ritual implica una decisión pensada, con un propósito**, por ejemplo, lavarse los dientes por tres minutos con una sustancia en particular para tener una sonrisa brillante y ser más atractivo/a para los demás.

A partir de los próximos apartados entenderás que el **hábito de escribir a diario implica el seguimiento de un ritual cada día con una serie de pasos para obtener la recompensa (el logro merecido), y así ponerle punto final a tu libro y hacerlo publicable.**

Si te autopercibes como capaz de hacer un libro, el paso obvio y esperado es que te pongas a escribirlo. No hay más, ni receta única ni pócima mágica, solo es manos listas, dedos sobre el teclado y acción repetida, imparable y constante.

Ahora presta atención a cómo se inicia el ritual para escribir cada día de tu vida. La determinación será tu palabra clave.

TEN UN ESPACIO PARA CREAR

Tener un espacio determinado

Dijo el escritor Adolfo Bioy Casares que «Escribir es agregar un cuarto a la casa de la vida». Por lo cual, hazte de una habitación, un rincón, un sitio tuyo donde la privacidad sea tu compañera. Aíslate del ruido, las interferencias, las molestias sin intención de quienes te rodean, tus familiares, tus amigos, tus compañeros de piso o apartamento. Si es necesario cuelga un pequeño anuncio divertido que diga algo como:

No molestar. Escritor/a en parto creativo.

Ese espacio debería ser privado, tuyo de forma única. Con silencio alrededor, sin distractores evidentes y con lo necesario para llevar a cabo **tu misión: escribir tu primer libro de no ficción.**

Procura tener una ventana que te permita ver el cielo, descansar la vista y en donde recibas luz natural, además hacia donde puedas ir para ver el paisaje afuera, y así propiciar estirarte de vez en cuando.

Nada supera el beneficio de la luz natural. Disfrutar de la entrada del sol, ver pasar las nubes, regocijarse en los azules o grises del cielo. Todo ello nos ofrece no solo calma y placidez, sino que ayuda a nuestros ojos. Quienes escribimos pasamos mucho tiempo frente a una pantalla que irradia luz, en habitaciones con focos a veces inadecuados como los de luminancia amarillenta. Los expertos oftalmólogos recomiendan proteger nuestra visión usando la luz del sol. Si una habitación tiene entrada natural siempre será mejor para nuestros ojos. En caso contrario entonces debemos optar por dos tipos de focos: uno de luz ambiental y otro que ubiquemos cerca del escritorio, donde, de preferencia, deberá estar ubicada de acuerdo con si somos diestros, la fuente de luz debe venir desde la izquierda, o si somos zurdos, donde deberá venir desde la derecha.

Además, el factor de la ventana nos facilita acercarnos a ella para relajarnos luego de varios largos minutos sentados. Deleitar la vista y estirar el torso.

Una vez resuelto lo lumínico vayamos al escritorio. Allí ten tus anotaciones a la mano; tu bebida favorita. **Rodéate de elementos que favorezcan eso que decidiste hacer: escribir con responsabilidad y gusto**. Seas médico, ingeniero, cantante, constructor, actriz, arquitecta, sicóloga, periodista, en ese espacio tuyo de creación escritural eres otro/a, aunque seas la misma persona que se refleja en la pantalla del ordenador, eres quien va a construir una historia que pretende encantar a un lector aguzado como tú.

Haz de ese espacio un lugar que te invite a la creación y se haga tu favorito. Considéralo como la fuente de tu saber, el recinto de tu musa, tu lar de palabras.

Por lo tanto, ten tu guarida. **Tu lugar de escritura debe ser tu refugio**, así sea en el mesón de la cocina, en una mesa dentro de una biblioteca pública o ¡en un Starbucks!

Donde sea que estés, debes entrenar tu mente para pasar el *switch* y cambiar al modo #escrituracreativa cuando estés en ese lugar. Todo se trata de concentración, mantener a raya las distracciones. Estar en atención plena.

Estructura tu mesa de escritor/a. Hay mesas de escritores llenas de objetos de adoración: velas, inciensos; flores, una planta pequeña y coqueta; alguna fruta de estación, galletas; cigarros, bebidas transparentes, turbias o de una oscuridad amarga. Hay fotografías, recuerdos de viaje, objetos diversos; diccionarios. Todo lo allí reunido satisface esa atmósfera creativa de quietud, inspiración y producción.

Importante: los dispositivos móviles deben estar en modo avión, pues la distracción es la enemiga de la atención. Es tajante: el tiempo para socializar en las redes sociales acorta la vida productiva de quien desea escribir un libro.

Rodéate en tu escritorio de cosas que te inspiren al mirarlas. Apela a tus recuerdos. Indaga en tu memoria sensorial: los sabores, las fragancias, los ruidos repentinos, los sonidos de la monotonía, las texturas grabadas en tu piel, entre tus dedos. Todo ello es la fuerza inspiradora para sacar imágenes y llevarlas a lo escrito. Las descripciones se sienten primero: se huelen, se saborean, se escuchan, se tocan, se miran con atención, como si las descubrieras por primera vez.

Déjate llevar por esa voz interior que te impulsará a hacer casi sin pensar. Confía en ella, será tu mejor aliada en este oficio. **Escribir es un acto solitario muy gratificante.**

Anota en un diario, en tu agenda o en una pizarra que puedas tener cerca cuáles serán tus recompensas al hacer tu libro, al culminar cada capítulo, al redactar toda una página, al haber estado un tiempo específico enfocado en solo escribir.

Ese autorreconocimiento te ayudará a fijar tu confianza. Cuando hacemos un pacto con nosotros mismos estamos sellando las posibilidades para que, de verdad, terminemos con eso que ansiamos llevar a cabo. Por eso escribirnos, alentarnos y afirmarnos en nuestros deseos nos llena de buena energía, nos autoconvence. Un masaje a nuestro yo creador bien vale las palabras positivas.

Sé consciente que debes elegir un patrón nuevo dentro de tu rutina, incorporar ese hábito: sentarte a escribir cada día, en un momento preciso con fuerza de voluntad, lo cual te traerá una recompensa cierta: la satisfacción de haber cumplido una meta.

Fíjate que he mencionado la palabra *recompensa*, y es eso lo que te va a hacer sentir que estás haciendo algo valioso de tu hábito de escritura: "Premiar un beneficio, favor, virtud o mérito".

Cada idea, cada página, cada capítulo será el logro diario, y por ello deberás estar apostando a mantenerte en total concentración. Tú en tu lugar predeterminado, la atmósfera creativa en manifestación y tus dedos listos para golpear el teclado con un tic, tic, tic imparable.

En ese espacio que habrás encontrado en tu hogar podrás llevar a cabo tu misión. Sobre ese escritorio o mesa podrás darle vida a tu sueño. Crearás la historia que quieras, sentirás que vale el esfuerzo y la decisión.

Estar en tu espacio creador y creativo te va a asegurar de que el trabajo sea hecho de la mejor manera. Tú y tus notas, tú y tus palabras, solo tu yo escritor/a presente, inspirado/a. Cuida de usar el buscador de internet solo para ayudarte con el diccionario o con una información que deseas indagar. Evita conectarte a plataformas que te distraigan.

Ten tu espacio y sácale provecho a ese tiempo a solas contigo, solo para ti.

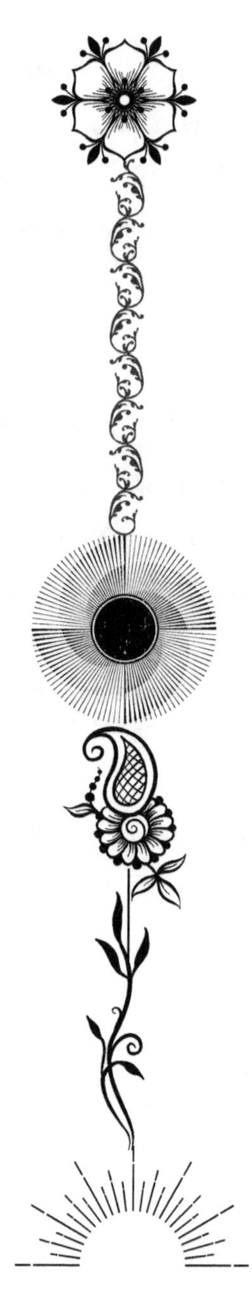

INVESTIGA, LUEGO ESCRIBE

«Ponerse metas es el primer paso para convertir lo invisible en visible».

TONY ROBBINS

Investigar

Es vital que dentro del proceso escritural comiences por dar respuesta a la interrogante: ¿Cuál es mi idea? Si pudieras imaginarte el libro hecho, ¿sobre qué hablarías?, ¿qué se contaría allí? ¿Cuál es la historia central que quisieras compartir?

Investigar implica que indagues entre todos tus pensamientos cuál es el tema fundamental del cual deseas ocuparte para transformarlo en un libro concreto, tu libro que deseas hacer.

Al investigar empiezas a descubrir aspectos, circunstancias y situaciones que podrían modificar e incluso alterar aquello que pensaste que ibas a expresar de forma concreta en tu libro.

Por ello antes de plasmar tus palabras definitivas, investiga aquello que no sepas bien, de lo que no tengas mucha claridad.

Podrías hacer el ejercicio en papel. Escribir a mano hace que florezcan las ideas con mayor esplendidez. Ve puntualizando una por una, desgrana lo que se te ha ocurrido con la imagen mental de hacer tu libro.

Si es sobre tu negocio piensa en los beneficios que te ha traído llevar a cabo ese emprendimiento. Puedes recordar los tiempos iniciales, sacar del recuerdo los momentos agrios y contrastarlos con el aprendizaje amable que te dejaron.

Podrías pensar en tus clientes y en esos dolores que presentan, esa inquietud por resolverlos que tienes al escucharlos, en especial cómo tu producto o servicio ha podido ayudarlos. Hablar desde la satisfacción de una necesidad y el testimonio fiel de un cliente satisfecho y feliz.

Si es una historia familiar recrea todos los momentos vividos: ve desde las fiestas y la tradición en casa, hasta las despedidas, las notas amargas. El legado de tu abuelo, el aporte social de tu padre o madre; el valor de tu familia dentro de tu comunidad. Todo sirve para tu libro por hacer. Se trata de resignificar cada historia y experiencia vivida.

Hurga en tu mente. Ve a tu memoria, acude a miembros de tu familia extendida; lee cartas o analiza fotografías. Ese libro que planeas hacer debe empezar con buen pie, por ello **antes de escribir piensa en lo que quieres comunicar** con esa historia cercana a quien eres hoy en día.

Cuando sabes qué quieres contar, puedes incluso pensar en el posible título. Claro, el título sufre modificaciones mientras van creciendo las páginas. Incluso si contratas a un editor podría sugerirte uno muy distinto del que habías planeado.

Lo importante es que, al titular el libro posible, estás delimitando el tema, estás yendo a lo concreto por contar. Un título atractivo en la portada, unas palabras que destaquen e inviten a tomarlo del estante o a descargarlo en el dispositivo saldrán en su momento, te lo aseguro.

Por ahora, **investiga dentro de ti** los objetivos que persigues al hacer ese, tu primer libro de no ficción. ¿Qué información deseas compartir con tu lector ideal? Imagina si tú fueras a leer ese libro, ¿qué te gustaría encontrar allí?

Entonces, siguiendo con el punto inicial, tal vez en este ejercicio de hacerte preguntas y cuestionamientos sobre lo que deseas volcar en tu libro, empiece a surgir el posible índice, es decir, esas ideas que se van a transformar en capítulos. Esto tampoco es definitivo, solo es una ayuda para que te inicies en el ritual. ¿Qué partes debería tener tu libro? ¿Sobré qué aspectos vas a tratar apartado por apartado, capítulo a capítulo?

Reitero, ve disfrutando cada instante del proceso.

Imagina que es como hacer café: buscas el recipiente, dispones el artefacto, viertes el agua, usas el filtro o el colador, agregas el café y dejas que la energía calórica haga su magia. El ritual implica pasos rigurosos para que se produzca lo que esperas. Eso es lo que vas a hacer al escribir cada 24 horas: poner cada día las cosas a punto para que haya páginas escritas.

La tarea está en ser consecuente. Por ello recalco mucho lo de pensar antes de escribir, visualizar el resultado y animarse a experimentar el proceso de hacer, de escribir.

Insisto, hazte preguntas, eso siempre ayuda. La autorreflexión es vital en el proceso creativo.

Toma en cuenta lo que dijo el afamado escritor estadounidense Henry Miller: «La mayor parte de la escritura se hace lejos de la máquina de escribir». Por eso primero hay que pensar en el tema.

Sea contar sobre tu propósito de vida, hablar de tu búsqueda del éxito; compartir tu método peculiar de lograr ventas, narrar tu carrera para emprender con un negocio virtual; tu historia personal, la superación de una enfermedad, el descubrimiento de un secreto familiar, en fin, el tópico que desees tratar en tu libro de no ficción debes tenerlo muy bien definido.

Si, por ejemplo, eres una comunicadora social que desea contar la historia formidable de su padre, ya tendrás la idea de recabar información de parientes, conocidos y relacionados con esa persona especial que has seleccionado en tu historia de vida.

Irás discriminando de lo más grande a lo más pequeño. Del visionario que fue al esposo dedicado y el padre ejemplar. Empezarás a decidir cómo vas a retratarlo, por cuál momento de su vida iniciarás tu historia. Lo importante es que concretes que el tema será la vida de tu padre y tu objetivo mostrarle al mundo el aporte que dejó, su legado.

Por otro lado, si quien lee esto es un emprendedor que ha podido superar una bancarrota y ha reafirmado su convicción y su certeza de ganar en los negocios, entonces escribe un libro que muestre lo que no debe hacerse, aconseja desde la voz del experto que sabe de pérdidas y ganancias. Ofrece un camino aliviado de piedras para aquel que no se atreve con su idea de negocio a dar el primer paso. Dale a ese lector o lectora una solución, una advertencia amable y considerada; aporta valor —en específico— de aquello que has aprendido en el curso de cada uno de tus ejercicios fiscales.

Si eres concreto, preciso y emocional, mejor. Cuanta más emoción pongas en mostrar el lado poco glamoroso del emprendimiento, el éxito y la libertad financiera, tendrás más lectores agradecidos y fieles recomendadores de tu libro.

En este punto resulta interesante investigar cuál sería tu audiencia lectora, es decir, a quién le llegaría tu libro, cuál sería el público que lo compraría; a quién quisieras dirigírselo.

Si el tema de tu libro agrega un saber, aporta una solución, abre una ventana a la esperanza, reafirma una creencia positiva, alienta a unos desesperanzados, consolida la templanza; propicia los encuentros; alegra, inspira, en una palabra: ayuda, pues habrás hecho un tremendo trabajo para tu sector, tu comunidad, la sociedad entera.

Por cierto, tener en cuenta a un lector ideal muchos autores lo desestiman. Muchos te hablan de solo enfocarte en escribir sin pensar en aquel que vaya a leer tu libro.

La verdad escribimos pensando como lectores. Soñamos con hacer ese libro que nos gustaría haber leído o tal vez, que disfrutaríamos leer. En algunos casos deseamos hacer el libro que nos gustaría haber conseguido cuando estábamos en una interrogante fundamental en nuestras vidas.

Por eso ten en cuenta la idea del lector ideal, y sobre esa reflexión, regula tu tema, precisa tu idea, afianza eso que quieres contar en las páginas que crearás. **Recuérdalo, es un libro de no ficción, por lo cual la verdad de los aconteceres es la norma.**

Pregúntate: ¿Cómo debería ser el tono de mis palabras? ¿Desde qué escalón me pondré a escribir: el que ha llegado a la cima del éxito esperado o el que perdió miles de dólares o aquel que está a medio camino del triunfo y persiste en su sueño?

Piensa en investigar datos estadísticos que afiancen tu tema. Lee sobre tendencias en tu sector. Investiga sobre otros libros parecidos al que estás pensando, y hazlo distinto, por supuesto. **Tu libro debe ser único en su clase, o al menos, debes hacer que eso no solo parezca, sino que se convierta en una realidad.**

Diferenciarse es *el quid* del asunto de vender en mercadotecnia, por ello haz tu libro novedoso y genial.

Así... documentarte, preguntar al que sabe más; leer con voracidad, ser curioso, todo esto representa la etapa previa al momento de la verdad: la escritura en estado puro.

Al hacer tus anotaciones manuscritas tendrás mucho material para discriminar qué se queda y qué se va del libro por hacer.

Allí está la estructura posible, los capítulos a producir, incluso podrías intuir la voz que vas a usar en el libro. Hablarás como el protagonista que ha viajado en una montaña rusa financiera y emocional. Serás un/a narrador/a que habla de la vida de otro atestiguando el impacto de unas ideas. Habrá reflexión, lecciones vitales; recomendaciones puntuales que cuenten de cambios, de transformación; de victorias, de fracasos, de grandes resultados al final.

Tu libro de no ficción debe contener aprendizajes, experiencias de vida, consejos para novatos, reflexiones para interesados en tu asunto. En tu libro te permites mostrar tu realidad de vida con lo grato y también con sus bemoles, sus amarguras, sus sinsabores.

De esta manera, investigar, pensar y escribir a mano será tu punto de partida para crear el plan de trabajo escritural, para cumplir con la rutina de quien está enfocado en producir su primer libro de no ficción.

Ilusiónate, enamórate de tu idea. Conéctate con las palabras y busca usarlas con belleza y emocionalidad.

Sé auténtico/a, sé honesto/a.

Insisto. **Debes comenzar por saber qué vas a escribir, sobre qué quieres contar.** Parece una obviedad, pero hay que aclararlo.

Mira... Respóndete por escrito estas preguntas:

¿Quién soy?

¿Qué hago?

¿Cómo soy cuando hago lo que hago?

¿Cómo me siento en mi labor diaria?

¿Qué tengo para darle al mundo?

¿Cuál es mi principal aporte hoy en día?

¿Qué experiencias me han marcado y quisiera tomarlas para ayudar a otros a transformar su vida como yo la hice?

Hacerte el hábito escritural quizá conlleve un poco de tiempo... contiene una suma de elementos que veremos luego. Por el momento detente en pensar en el corazón de lo que deseas narrar y en la estructura de ese libro que vas a construir desde tus ideas sueltas, desde tu sentir, desde tu saber, desde tu experiencia de vida.

Una vez hecho este ejercicio deberás contemplar lo específico a planificar en la estructura interna que piensas darle a tu libro, es decir, cuántas partes tendrá, cuál será la extensión de cada una de estas.

Es necesario tener un punto de partida, trazar un esquema para darle cuerpo a tus ideas. Este bosquejo estructural interior debería estar en un documento de Word, en un cuaderno de anotaciones o en una libreta que lleves contigo.

Toma en cuenta que todo alrededor es fuente de inspiración. Ese esbozo imagínatelo como un índice que señala cada una de las porciones de ese manjar que será tu libro impreso. Por eso es importante tener una Moleskine que lleves del timbo al tambo para anotar ideas que surjan como un destello. Bien puede ser cualquier libreta, la verdad, el punto está en poner en papel aquellas impresiones, sensaciones y opiniones que te surjan de forma inesperada.

Para hacerlo sencillo, estructurar es como hacer una torta de chocolate por ti mismo/a: piensas en el sabor de una torta de chocolate, compras los ingredientes y empiezas a hacer las mezclas por pasos. Agregas, unes, bates, vacías, moldeas, horneas. Solo después de un tiempo puedes disfrutar de tu esponjosa, consistente, gustosa torta de chocolate.

Imaginemos juntos. Mira este ejemplo:

Tu libro será la historia de tu emprendimiento. Allí contarás cómo hiciste para descubrir cuál era tu propósito de vida. Hablarás de tus frustraciones, de las decepciones que sufriste al, por ejemplo, mudarte de país. Narrarás cómo te enfrentaste a esa idea de reinventarse soltando las amarras de las experiencias previas, de tu antigua historia personal en tu país de origen. Harás un viaje que muestre logros, aprendizajes, alegrías y tristezas.

Ahora, piensa, date un tiempo para pensar. Y no, no es una frasecita cliché, aquí te dejo unos espacios específicos para que, una vez pensada tu idea sobre el tópico de tu libro peculiar y único, escribas, ¡sí, escribas!, la posible estructura interna, es decir, en breves palabras los temas que tocarías en cada capítulo. Dale, escribe en estos espacios que te doy para desatar tus ideas iniciales.

____

____

____

____

____

____

____

____

____

____

____

____

Listo, ¿verdad?

Ya tienes idea de cuán extenso será eso contado. Serán diez capítulos, quizá solo cinco, no lo sabes todavía con certeza, ¿cierto? Pues ponte a reflexionar sobre la idea que está divagando en tu mente. Tal vez la extensión en este primer momento no sea tan relevante, podría ser una centena de páginas o quizás más. Insisto... **Lo básico es partir del punto Q: ¿Qué voy a contar?** Sin esto claro no hay ritual alguno. Sin <u>el qué</u> no hay inicio ni avance ni final, mucho menos.

¿Tienes claro *tu qué*? ¡Excelente! En tu rutina de escritura sentarte a escribir sabiendo para dónde vas puede resultar un proceso sencillo.

Tal como dijo el escritor norteamericano John Updike: «Una rutina sólida te protege de darte por vencido».

Recapitulando: es necesario que investigues sobre lo que vas a escribir. Tener clara tu propuesta, has de recordar que siempre hay algo que desconoces y debes precisar ese dato.

Doy un ejemplo concreto. Imagina que soy una escritora que desea trabajar en un método sobre la efectividad al escribir de forma creativa. Acudiré, entonces, a páginas especializadas en literatura, indagaré en el efecto de las historias personales, me dejaré influir por voces de académicos y expertos lingüistas.

En la creación de nuestro libro debemos indagar sobre ese asunto que nos interesa y tomar nota de cada elemento válido que nos aporte la lectura investigativa y que, a su vez, dé credibilidad a lo que expresemos en nuestro manuscrito en proceso. Porque —y ojo con esto— estamos haciendo un libro de no ficción, por ello debemos tener datos creíbles.

Al investigar debo leer con atención. Si estoy leyendo un libro impreso, debo subrayar las frases que me hacen sentido. He de destacar con un resaltador las ideas que pueden avalar o contravenir mi teoría. Anotar aparte los mensajes inspiradores.

Si leo en digital hago anotaciones en una libreta designada para recabar la información de utilidad para mi libro o me sirvo de las bondades de la tecnología y destaco en la propia página usando los iconos que me ofrece la plataforma de lectura.

Incluso puedo grabar en notas de voz las ideas que me surjan al leer un artículo o un texto de los que he recabado en mis investigaciones.

En este paso previo al ritual, que es investigar, **la toma de apuntes constantes es necesaria**, así voy descubriendo nuevos aspectos dentro del tópico que me ocupa. Por un lado, tengo claro qué quiero decir yo, y, por otro lado, confirmo o contrasto con la información que he recabado.

Hago hincapié, de nuevo, suma la mayoría de información que puedas y solo así avanzarás de una página a la vez.

Se trata de construir un nuevo hábito, tal como lo plantea el autor norteamericano James Clear en su libro *Hábitos atómicos*: «los hábitos son los ladrillos de los resultados extraordinarios», además asegura de que «la mejor manera de alcanzar lo que queremos en la vida consiste en establecer metas específicas y viables».

Por tanto, plantéate qué quieres lograr cada día al escribir tus ideas, cuántos capítulos vas a terminar con eficiencia, cuánto tiempo dedicarás a pensar y a hacer tu libro futurible.

Debes conseguir darte respuesta de por qué quieres escribir un libro.

Las opciones porque me da la gana, porque es el legado para mis hijos, porque tengo un emprendimiento y quiero compartir mi manera de hacer negocios, porque tengo una historia personal que atestiguar... Podría seguir imaginándome *para qués*. Lo mejor es dejarte esa pregunta a ti.

¿Para qué quieres escribir un libro?

Este dibujo simple debería ayudarte a verte en tus zapatos de novel escritor/a.

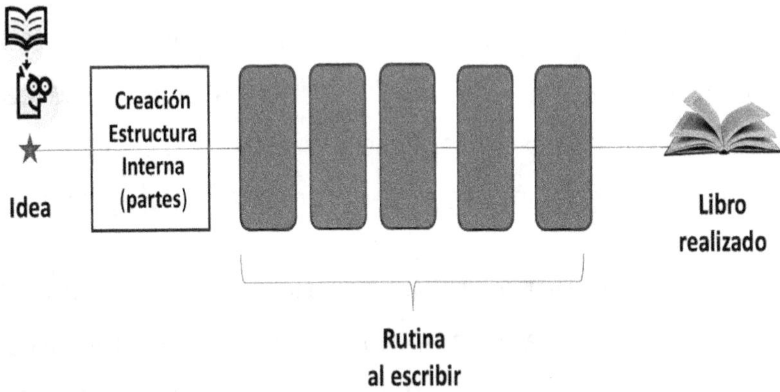

Me gusta pensar en el acto de visualizar tu libro soñado como una tarea diaria llena de buena energía, con entusiasmo y felicidad.

He hecho mis libros con mucha buena vibra instalada en mi mesa. El trabajo de sacar las mejores palabras para acercarlas a ti ha llevado su tiempo y he gozado el proceso de crear en cada instante. Por eso este dibujito esquematiza ese camino que se ve sencillo, aunque no lo es, la verdad, pues implica estar decidido, animado y activo en el deseo de escribir. Si tienes esos tres primeros atributos, tu libro será una realidad palpable con seguridad.

Ya sé que voy sobre lo mismo siempre: compromiso, responsabilidad, disciplina, pero es que sin estos elementos y sus relacionados, no estarás ni cerca de poder lograr esa recompensa maravillosa de ver tu deseo hecho una realidad impresa y publicable.

Lo del buen ánimo también es un factor para tomar en cuenta. El mal genio, la rabia y los resquemores posteriores a una discusión pueden afectar tus ganas de escribir. Por eso estar en *la vibra* adecuada, con una sensación de felicidad o gozo inexplicable o quizá solo con un toquecillo de alegría de vivir, podrían hacer que las palabras salieran más resueltas, propicias y sin contención.

No vale pensar en que se debe escribir, sino el punto focal es desear ponerse a escribir.

Escribir no debe ser percibido como una imposición, debe ser una celebración, como lo expresó el notable Ray Bradbury. Si no estás entusiamado/a con lo que tienes por delante para escribir, poco podrás acabar la tarea de un libro y hacerlo lo más sintonizado con el beneplácito de expresar ideas buenas para gente deseosa de leer, disfrutar y aprender.

¿Y si estoy triste puedo escribir?, podría preguntarse alguien, a lo que respondo, ¡mucho mejor!, dado que el acto de poner nuestras palabras al servicio del papel transforma cualquier derrota en una bandera de pionero en tierras inhóspitas. En otras palabras, es ya un éxito ante la tristeza, ante una posible depresión que pretenda colarse tímida en nuestra vida. Al escribir mientras estamos con el ánimo bajo, y si es manuscrito más todavía, hacemos una actividad catártica que ayuda a nuestro espíritu, aquieta a nuestra angustia solapada; expía culpas o saca fantasmas entre nuestro regocijo.

Escribir puede significar salir de la inactividad y el desgano. Puede darnos unas horas de imaginación, creatividad y hacer que nos sintamos productivos y vitales. Puede hacer que cambiemos cómo nos estamos percibiendo en la vida. El enfoque de vernos como productores de buenas ideas debe ser la meta.

Espero haya sido clara con todo lo expresado hasta ahora.

Me sentiría muy feliz si efectivamente escribiste en las líneas que te dejé. Sin embargo, te confieso... Sé que muchas personas seguirán leyendo y las dejarán de lado... Y también sé que volverán al finalizar la lectura de este libro, para de una manera significativa, sentir que inauguran ese nuevo rol dentro de sí: el yo escritor/a, esa nueva persona que tiene un proyecto literario por hacer.

Es bonito pensar en inicios, es satisfactorio saber cómo empezó algo bueno en nuestra experiencia de vida. Recordar esa tarde cuando decidiste como un impulso místico iniciar un proyecto personal, ese instante cuando dijiste que ibas a hacerlo oficial y lo ibas a contar a tu gente querida; esa decisión de ponerte a trabajar en tu proyecto de libro.

Algo pasará cuando escribas sobre esas líneas, te lo aseguro.

Ahora vamos a hacer el *checklist* de lo visto hasta aquí:

- Motívate. Ve el libro ya realizado en tu mente.

- Diseña la ruta para trascender con tu historia.

- Planifica. Investiga. Ordena los datos.

- Piensa en el índice posible: capítulos y subtítulos.

- Piensa en una estructura amigable y resolutiva si vas a hablar de pautas, métodos o sistemas para lograr algo específico: hazlo desde la lógica, desde lo procedimental. Ir de menos a más, de lo particular a lo general, de lo pequeño a lo grande.

- Evalúa la claridad de tu mensaje, la eficacia de tus relatos. Recuerda que debes entretener en primera instancia. Tu libro debe leerse desde el gozo.

Ahora sigamos al próximo paso.

SIÉNTATE A ESCRIBIR EN SERIO

«Somos lo que hacemos día a día. De modo que la excelencia no es un acto sino un hábito».

ARISTÓTELES

Crear el hábito

Dice el diccionario de la Real Academia Española que un hábito [en su primera acepción] es un «modo especial de proceder o conducirse adquirido por repetición de actos iguales o semejantes...».

Esto supone que, a partir de la decisión de escribir, vas a hacerlo de forma repetida bajo unas condiciones específicas.

Por ello primero sintoniza con ese disparador interno que te impulsa a escribir, ese elemento tuyo, íntimo y verdadero, que va a generar que te acciones hacia el acto de empezar a escribir.

Es como si yo te estuviera preguntando: ¿por qué quieres escribir? ¿Eres el tipo de persona que le gusta leer? ¿Eres del tipo de persona que se ve como un escritor o una escritora? Esas respuestas solo tú las sabes, por supuesto. Aunque en mi experiencia a veces hay personas que desconocen su razón cierta. Eso que está ubicado en una región de su alma que le dice con voz callada: *escríbelo, dilo por fin.*

Ante la respuesta que surja de manera casi automática ante esas preguntas previas, de allí saldrá la rutina que vas a diseñar.

El sitio, la hora, las condiciones serán la suma que te otorgará el impulso diario. Porque debe ser diario. Un libro no se hace de mes en mes, una hora cada vez. No. Un libro es autocompromiso diario, constante y persistente.

Crear el hábito de escribir supondrá tu mayor recompensa: tener lo que buscas, lo que deseas

lograr, el resultado que esperas. Ese libro soñado a través de los años o deseado como corrientazo intuitivo.

Levantarte, dejar lo que haces y ponerte a escribir debe ser visto como un ciclo que debe practicarse de forma puntual, solo así podrás ser capaz de cumplir con el reto de hacer tu libro en el menor tiempo posible. A menos de que desees hacerlo sin tiempo, sin apremio en el calendario, que vaya fluyendo como el cauce tímido de un río en invierno. ¿Acaso eso quieres?

Quizá en este momento no sepas cuánto tiempo te va a llevar hacer tu libro. Tal vez ni siquiera tienes claro qué quieres decir, mucho menos cómo vas a decirlo.

Pese a eso, habiendo tomado la decisión, solo queda ponerse en marcha. El tren de la actividad escritural ha arribado y espera a que te subas. La idea está ingresando en el andén, tocará encontrar rápido un asiento para que se sienta cómoda y así llevarla a recorrer los campos de la motivación con frenesí. Porque escribir es un recorrido grato con una música interna de fondo, como el ruido grave de las ruedas sobre los rieles que solo dicen *sigue, sigue, sigue.*

Disfruta el proceso.

Piensa. Date un tiempo para pensar en ese producto editorial final. Sueña con esas páginas y las sonrisas que despertará. Vete hablando de tu libro con otras personas. Imagina respondiendo correos de amables lectores. Visualízalo, créalo en tu mente. Créetelo, ya lo ha escrito tu yo del futuro.

Piensa de nuevo. Vale el esfuerzo hacer tu libro, ¿verdad?

Ahora hablemos del tiempo, de los minutos y horas que te esperan. Deberás buscar el mejor momento todos los días. Deberás sentarte a escribir por un tiempo determinado. ¿Cuánto? El que dispongas. Réstales a tus labores del hogar, a tus momentos de ocio en las redes sociales, por ejemplo. Analiza cuántos momentos de soledad podrás darte para acometer tu labor como una persona que desea escribir un libro de no ficción por primera vez.

Mira que le estoy escribiendo a alguien que desea crear un libro. Mis palabras van dirigidas a esa persona que ha pensado en contar una historia personal. Alguien que ha imaginado que un libro propio puede sentar un precedente, abrir una ventana hacia la luz del conocimiento y el aprendizaje, despertar una conciencia aletargada.

Puede costarte hacer los ajustes para verte escribiendo a diario. Sin hablar del autosabotaje que te susurrará el ego. ¿Habrá sacrificio? Un poco... de esa serie que te enganchó en el televisor, de esas charlas por WhatsApp que tienes con regularidad, del continuo *scroll* en Twitter, Instagram o TikTok. La familia, el amor, la mascota... Si empiezas a darte cuenta de cuánto tiempo le dedicas a otras, muchas cosas, podrás abrir un espacio para ti mismo/a y comenzar a decretar tus horas de labor escritural como inamovibles y sagradas.

Claro, te harás entender... es tu sueño y requiere diligencia, atención y responsabilidad diarias.

Es posible escribir un libro siempre que rompas tus propias trabas mentales. Ten confianza en tu proyecto, ve por él.

Tu libro, su génesis y nacimiento dependen solo de ti.

Suena a Perogrullo, pero es así de simple. Abre tu procesador de palabras y enfréntate a ese espacio en blanco. Recuerda que te impulsa a escribir eso que dijiste que querías poner por escrito, y comienza a hacerlo con lo primero que te pase por la mente. **No temas al *cómo empiezo*.**

Escucha la música que te provoque y conecta con eso que solo tú sabes que quieres compartir. Porque un libro es una historia que deseamos comunicar a otros.

Todo sirve en ese instante. Todo funciona en ese momento de impulso. Si es música, disfrútala, si es el silencio, aprovéchalo. Solo acalla esa voz que trata de imponerse con frases desmotivadoras. Algunos le llaman ego o le dan un apelativo, en verdad no importa el nombre, solo escribe y sigue escribiendo, vaciando ideas de manera casi automática, sin detenerte. «Matar al yo consciente; ser más libre de ti mismo», dice la escritora española Rosa Montero.

Al comienzo saldrán palabras sueltas, casi automáticas. Construye oraciones y párrafos con soltura.

Busca que tu estilo sea natural, sencillo de entender. Enfócate en la claridad de tus palabras, en el sentido de tu redacción. No te preocupes mucho si estará muy legible o no, ya vendrá la etapa de corrección (edición) para encargarse de ello. Por ahora solo expresa... como quien le hace un cuento a un amigo cercano para entretenerlo. El estilo, lo literario se verá más adelante. **Recuerda es tu primer libro de no ficción y en lo que hay que concentrarse es en el ánimo que te impongas, en la energía que despliegues, en la disposición corpórea para mantenerte disciplinado/a sobre la silla dándole al teclado.**

Ten en cuenta que tu libro de no ficción lo haces de manera sencilla, para interesar al que te lee, como alguien a quien deseas darle una buena impresión.

Debe ser un texto cercano, en un tono amigable; sin fanfarrias, frases enrevesadas, tal cual como hablarías con una persona a la cual buscas agradar, y por supuesto, quieres hacerle llegar tus ideas con claridad, ofrecer unos consejos oportunos, una explicación simple, nada erudito, grandilocuente o intelectualista que haga sentir lejanía, que propicie la desconexión con tus palabras, con tu mensaje.

Si piensas sobre cuánto tiempo te tomará escribir lo que salga de tu mente creativa, pon el cronómetro de tu móvil y luego chequea el tiempo empleado.

Al principio tenemos dudas sobre nuestra posibilidad de decir: ¿será mucho?, ¿será que podré escribir suficiente? No te ocupes de ese pensamiento. Solo deja que fluya lo que quieres decir. Frente al teclado está tu herramienta de expresión. El resto está en tu mente. Debes sacar tus ideas y plasmarlas en la página. Ver cómo se va llenando cada línea, cómo avanza el cursor tras el golpeteo de tus ideas en las puntas de tus dedos. Disfrutar de la acción repetida y constante del escribir.

Paséate por los inicios, las primeras experiencias, las oportunidades que aparecieron. Si tu libro se trata de tu emprendimiento eso significa que empezarás por la emoción que sentías al pensar en hacer de tu negocio, tu vida completa.

Si estás con el foco puesto en narrar la historia de tu abuelo notable, por ejemplo, comienza por dar las razones para contar la vida de quien es parte de tu estirpe. Cuenta sus inicios, destaca sus logros, menciona sus fracasos; muestra al lector el lado humano de ese individuo singular que deseas ver coronado de gloria a través de tus palabras orgullosas.

Siempre comenzar a escribir supone enfrentarse a una resistencia o a una inquietud. No veas el reto de hacer un número determinado de páginas totales. Concéntrate en la oportunidad de dar a conocer, de compartir, de transmitir eso que has pensado que otros deben saber de ti.

Inicia con lo que tengas. No temas, todo se revisa, se corrige y se mejora. Pero debemos comenzar por algo. Así que en esta etapa del ritual es solo dedos en teclado y acción indetenible.

Proponte escribir como mínimo durante cuarenta y cinco minutos seguidos. No pienses en cuánto tiempo representa eso en palabras escritas, no te atemorices con eso. Solo mantente expresando ideas en la página. Suelta a tu inspiración. Ya estás en motivación, ahora déjate llevar por lo que te dicta tu mente. Eres una persona que está sintiendo que debe decir algo, entonces ve que lo empiezas a decir sin casi pensar en ese acto productivo. Fluye con el proceso. Si lo deseas fíjate en la hora de inicio y sigue hasta que sientas que ya has dicho bastante. ¿Qué es bastante? Esa cantidad que sale de ti y te hace parar y suspirar con la idea de revisar los párrafos construidos. A veces te verás pensando, incluso diciendo a viva voz: *mira, pues, todo lo que he escrito.* Abraza a tu yo escritor/a y suspira de gusto.

Luego toma un descanso de diez minutos. Estírate. Mueve tus dedos con libertad. Mueve tu cuello y espalda. Pasa tus ojos por lo escrito. Siéntete a gusto con este tiempo empleado escribiendo. Ahora pon el temporizador de tu móvil y ajústalo a 10 minutos.

En ese breve tiempo puedes releer lo que has dicho. Aleja a tu ego censor, mantén a tu crítico/a interna fuera de tus páginas. Ya tendrá el momento para lucirse corrigiendo, tachando, criticando.

Como estás empezando, esa relectura debe ser **rápida, un simple chequeo de lo expresado. Las revisiones en profundidad llegarán** después con gafas, bolígrafo rojo y cara de pocos amigos.

Cuando comiences a escribir solo llénate de entusiasmo. Te sentirás muy bien, ya lo verás: ¡has comenzado y eso ya es un éxito!

Después vuelve a la carga por una media hora más, al menos. Pasado el tiempo de descanso volverás con ánimo, seguirás diciendo, contando, sacando de ti lo mejor que puedas narrar.

Para algunos podrá sonar a demasiado, creyendo que "no se puede estar diciendo algo por tanto tiempo". No es cierto, sí que puedes. Si no lo intentas, nunca lo sabrás. Recuerda que eres tú contra ti mismo/a. Sí puedes escribir por un tiempo largo. Solamente tienes que dejarte llevar por las ganas de hacer. **El autosaboteo será tu compañero de cuarto si lo dejas**. *"¿No sé qué decir? Esto no suena bien. Esto no está saliendo como esperaba"*. Esto aquello, esto lo otro. El sabotaje con nosotros mismos puede ser una pesadilla, una inconformidad donde nada resulta bueno lo suficiente. Aquí solo debes imponerte a tu crítico interno. Enfócate en hacer eso que quieres, ¿de acuerdo?

¿Pero y si me trabo, si —de verdad— no sé ya qué más decir? Toma una respiración profunda. Cierra los ojos y recuerda la última idea que escribiste, justo esa antes de detenerte.

Siempre vuelve a tu idea central, vuelve a esa historia que deseas narrar. Enfócate en ella. Recuerda qué es lo que quieres compartir con ese lector del futuro. Imagina una gran diana con el tema central de tu libro. Apunta al centro, concéntrate: ¿qué es lo que quieres contar?, ¿cuál es el propósito que te mueve a hacerlo? Esas son las preguntas que deben ir y venir a tu mente todo el tiempo de escritura. Piensa, recapitula y sigue escribiendo con inspiradas ganas.

Además, sería muy bueno que tuvieras una cartelera en ese espacio que creaste para tu yo creativo. Allí pondrías, a manera de flujograma, los temas de tu libro, los nombres posibles de tus capítulos. Llenar ese cuadrado con *stickers* motivadores, *post-its* con notas importantes, con recordatorios y todo lo que estimule tu proceso de vaciado de ideas.

Te invito a hacerlo por veinte minutos más. Haz la prueba. Pon el temporizador y cuando menos lo esperes estará sonando el fin de esos minutos. **Por eso te sugiero cuarenta y cinco al comienzo, sin embargo puedes apostar al tiempo y sumar media hora y seguir por una hora más.** En ese período sale tu ingenio a pasear, se despereza la mente, se avivan ciertos recuerdos.

Hazlo. Escribe por ese tiempo señalado y compruébate tu capacidad inicial para decir.

Una vez que hayas superado esos largos minutos, esa hora y media quizá, y suene quizá alguna alarma que hayas fijado, **haz una *micropausa*, debe ser breve, de apenas tres minutos.** Haz alguna de estas actividades: Hidrátate, pasa al baño. Estírate en la silla. Estira tus brazos y dedos. Mueve tu cuello. Levántate y estira tu espalda baja. Mira por la ventana de ser posible o echa un vistazo a tu alrededor fuera de la pantalla. Pero solo por tres minutos.

Haz un ejercicio brevísimo de respiración: inspira, inflas tu abdomen, mantienes la respiración contando hasta cinco, espira con lentitud hundiendo el abdomen. Todo esto cuatro veces.

Después vuelve a la mesa si te levantaste, regresa a tu narración y sigue donde te quedaste.

Este despeje momentáneo te reactiva y te pone en alerta.

Ahora bien, si sientes que ha pasado un largo período de tiempo, digamos que pasaste las dos horas, que ya escribiste todo lo que te pasaba —literal— por tu mente cual *teleprompter* de televisión y no sabes cómo seguir, si te sientes estancado/a, ve a tus anotaciones y lee por encima buscando eso que todavía no sabes bien qué es, pero que *te suena*... como quien al escuchar una melodía trata de determinar qué tipo de instrumento es ese que se destaca y le atrae.

En ocasiones tenemos una pequeña interrupción en lo que estamos contando. Surge una duda, aparece un ruido en lo que estamos expresando, en ese caso es adecuado pausarse. Despejarse, pensar en eso con criterio y seguir luego.

No contemples excusas para abandonar la tarea de escribir. A veces nuestro ego crítico nos pone trampas para acabar con el tiempo de la escritura.

Aunque también podría darse otra interrupción distinta, una molestia que puede estar asociada al momento del día que estás usando para escribir. Es una incomodidad diferente, ciertamente perturbadora.

Aquí es importante que tomes en consideración un aspecto fundamental, la verdad, un asunto de marca mayor. Me refiero al *pico de productividad creativa*: **No todo el mundo crea a la misma hora, en el mismo período de tiempo.**

Quizá es prudente pensar en cómo te sientes escribiendo en el momento cuando lo haces. De acuerdo con los ritmos circadianos[2] habría que considerar no solo el reloj biológico (dispositivo de tiempo innato en nuestros cuerpos) sino el impacto de la luz que produce una alteración en los momentos de vigilia, conciencia y de sueño.

Esto significa que el rendimiento puede verse afectado y es en esos picos de intensidad donde nos sentimos con mayores o menores deseos de llevar a cabo actividades que requieran concentración.

Aquí estamos hablando de la comodidad de escribir de día, en la tarde o al anochecer.

Hay personas que funcionan mejor escribiendo en la madrugada porque el factor ruido/sonido les impacta más que la luminosidad artificial o natural. Son esas personas que prefieren su casa en total silencio, sin nada ni nadie capaz de perturbar su ritmo creativo.

---

2   Los ritmos circadianos son cambios físicos, mentales y conductuales que siguen un ciclo diario, y que responden, principalmente, a la luz y la oscuridad en el ambiente de un organismo. Ver más en: https://www.nigms.nih.gov/education/pages/Factsheet_CircadianRhythms.aspx

Por el contrario, hay otras que les resulta favorecedor escribir durante las horas de la tarde cuando el sol está cayendo por el estado anímico que les despierta. Son personas de una sensibilidad peculiar que se sienten atraídas por el tipo de luz que se muestra entre los cielos prenocturnos.

Para las que son mañaneras el valor de la luz es vital y el nivel de alerta máxima es mayor en las primeras horas del día, allí vemos a los que tienen como mantra: "El que madruga Dios lo ayuda" o "el que madruga recoge agua clara". Estas personas presentan una disposición anímica muy alta en los momentos previos y sucesivos a la salida del sol. Se sienten energizados y con mucha creatividad.

Ahora bien, ¿y si debemos escribir a una hora específica porque no hay otra posibilidad? ¿Si tenemos que escribir cuando se dé la oportunidad, no cuando queramos? ¿Cómo lo hacemos sin estar agobiados o de mal humor?

La dupla aquí imprescindible es fuerza de voluntad y autodisciplina que hacen la diferencia si tienes

que escribir no cuando quieres sino cuando se pueda, por ejemplo.

Esto significa que el rigor prevalece más allá de hora favorita o momento más adecuado. Ello requiere de empeño, de perseverancia.

Pero pongamos el caso de un escenario favorecedor, el que escribe cuando lo desea.

Yo por ejemplo decidí empezar a escribir este libro un lunes porque es mi día favorito. Comencé a las 9:30 de la mañana porque ya a esa hora había cumplido con mis hábitos diarios: había trotado, me había acicalado y ya había tomado desayuno. Dispuse todo a mi alrededor, y empecé con alegría porque desde ese ánimo funciono a plenitud.

Aquel que escribe con un tiempo a su favor decide el momento más propicio y le saca partido al máximo.

Estudios llevados a cabo en 2006 por dos investigadores norteamericanos, Kahneman y Krueger sobre el "método de reconstrucción del día", es decir, el estudio de los cambios que se producen cada hora de acuerdo con cómo nos sentimos, descubrieron que **las personas se sienten felices y disfrutan en mayor proporción durante la mañana, son menos felices y gozan menos en la tarde y vuelven a estar felices por la noche, deleitándose más.**

Tal como dice el autor Daniel Pink en su libro *¿Cuándo? La ciencia de encontrar el momento preciso*: «Los seres humanos no experimentan todos el día exactamente igual. Cada uno de nosotros tiene un "cronotipo", un patrón personal de ritos circadianos que afecta a nuestra fisiología y psicología».

¿Sabes tú cuál es tu momento de preferencia en el día? ¿Cómo te defines: como un ser de hábitos mañaneros, vespertinos o nocturnos?

Si eres un ser matutino te sentirás más sincronizado con el ritmo luz-oscuridad, te levantarás al despuntar el sol, tendrás mayor disposición anímica para crear en la franja horaria entre la mañana y al inicio de la tarde, yendo a dormir pasadas las nueve de la noche.

Por el contrario, si eres un ser noctámbulo te sentirás más estimulado a crear con la quietud de la noche alcanzando largas jornadas en la madrugada, y despertando bien tarde en la mañana.

Si eres una persona que no tiene problemas con la distribución y control del tiempo, bien porque no tienes empleo fijo o porque trabajas desde casa, puedes establecer cuatro horas entre las nueve de la mañana a las tres de la tarde para dedicarte a escribir tu libro.

En el caso de personas que desean escribir, pero están cumpliendo un horario de ocho horas y quieren hacer su libro, ¿cómo harían en ese caso para hacerse también su ritual de escritura? La respuesta sería decidiendo tomarse un par de horas para hacerlo de lunes a viernes y dedicándole más tiempo durante el fin de semana. Lo aconsejable sería o muy temprano en el amanecer con solo una hora de trabajo o después de la cena entre 7:30 y 10 pm. Ya para el fin de semana podría trabajarse entre tres a cuatro horas ininterrumpidas. Vale decir que habría que considerar el tiempo gastado en otras labores incluyendo el ocio.

Hay que aprender a gestionar el rendimiento escritural. No todos están dispuestos a pasar más de tres horas escribiendo, mientras están otros que la cotidianidad les interrumpe ese deseo de permanecer hora tras hora vaciando lo que su mente le dicta.

Lo importante —una vez analizado el mejor momento, el más propicio para ti— es desaguar todo el caudal de cosas por decir que tengas en mente. Tomar las anotaciones e incorporarlas al texto, producir ideas concatenadas, interesantes y dignas de tu aprecio. Recuerda que estás escribiendo por placer, porque así lo decidiste, porque es un sueño por ver cumplido. ¿No es cierto?

Si no hay gusto, no hay escritor esmerado ni libro posible. Nadie escribe desde la rabia absoluta o el disgusto en las tripas. Se escribe desde el gozo que da el oficio. **Se escribe desde el placer**. Así cuentes un hecho triste, lo estás escribiendo desde la necesidad de transmitir tus ideas para que alguien las comprenda y las disfrute tanto como tú al hacerlo en un acto catártico.

Lo más favorable de pensar es que te estás conectando con un interlocutor invisible que comprenderá tu manera de ver el mundo y será el receptor de tus ideas peculiares.

De esta forma y volviendo al punto de la mejor hora para crear, diría que es aquella donde se conjuga como magia todo: el sitio correcto, la atmósfera precisa, las condiciones pertinentes. Y eso podemos conseguirlo con fluidez o podemos "forzarlo" con suavidad. Allí cuando decides *es el momento, es ahora, voy a obviar esos 'detallitos' que aparezcan y voy a sentarme a escribir, no me interesará nada más; el mundo seguirá su curso y yo el mío mientras estoy sentado haciendo lo que mi voz interior calladita me suplica que diga a viva voz y por escrito.*

Pues bien… imagina que ya has escrito por un largo tiempo, que ha pasado un par de horas; estás cansado/a, necesitas parar por las razones que sean. ¿Cómo saber *el hasta cuándo*?

Este tiempo de solo escritura varía, es decir, si trabajas por capítulos terminará cuando el capítulo esté listo, a lo Yogi Berra: «el juego no se acaba hasta que se acaba». Tú decides cuando detenerte en el proceso. **Es necesario que determines si pararás por capítulo finalizado o si por páginas realizadas.** También dependerá de tu velocidad al teclear, si eres un/a mecanógrafo/a experto/a o una persona que escribe con solo dos dedos.

Hay incluso espacios en internet que te alientan a escribir un número de páginas diarias, como es el caso de **750words.com** donde el objetivo es que escribas tres páginas al día, o lo que es lo mismo: 750 palabras. Tal como dicen ellos: "un vaciado de cerebro diario".

Esta parte del ritual funciona como un ciclo que se repetirá varias veces porque los pasos siguientes de relectura y corrección deberán ser hechos siempre que se ha terminado un bloque de producción. Me explico.

Teniendo la visión de la estructura de tu libro ya definida, en el paso dentro del ritual podrías determinar que escribirás sin parar de acuerdo con cada capítulo. Por ejemplo: "Voy a escribir sin detenerme a releer hasta que culmine el capítulo 1". O quizá decir: "Voy a escribir 1.600 palabras por día, luego releeré" o "escribiré seis páginas por día y luego releo todo lo escrito".

De la manera que resuelvas, recuerda que el proceso de escritura es continuo, imparable, tiene un tiempo de inicio y uno de final que es cuando decides releer para constatar todo lo dicho. Hacerlo por partes puede garantizarte que sigues una secuencia, que mantienes un ritmo.

Escribir por secciones autoimpuestas y releer *a posteriori* puede permitirte sentir que avanzas, vas sumando ideas mientras te mantienes con el ánimo productivo. Funciona muy bien cuando escribes con un tiempo determinado, cuando debes sentarte a escribir porque es el momento justo para hacerlo. ¿Te había hablado de disciplina, cierto? Pues sí, esa palabrita es la que debes tatuarte en la muñeca. O mejor si no te gustan los tatuajes hacer un cuadrito y colgarlo frente a tu computador, a la vista, para que te recuerde que **no deberás pararte de la silla hasta haber cumplido con la labor escritural del día**. Lo de tatuarse es una broma, eh.

Cuando termines de escribir cada día, intenta dejar algunas anotaciones resaltadas en tu texto para comenzar al día siguiente, de esta manera será más fácil superar la inercia y volverás a comprometerte con tu labor.

Quita la pestífera duda de si podrás continuar.

Traza un plan para el día siguiente. El proceso de escribir va más allá del instante frente a la página en blanco, el cursor esperando la próxima movida y el documento creciendo. Piensa en lo que quisieras decir mañana.

Tal como dice Daniel Pink en *¿Cuándo?*: «Escribir es el acto de descubrir lo que piensas y lo que crees».

Lo más importante es escribir todos los días, hacerlo tu hábito, ya verás cómo avanza tu historia cada vez más y te sorprenderá lo que va a suceder al cabo de un tiempo: ¡habrás escrito un libro!, he allí tu maravillosa recompensa.

Ahora pasemos a la estructuración, he aquí el meollo que diferenciará tu libro de forma definitiva.

Cada capítulo deberá contener un cúmulo de ideas que cuenten tu historia, que indiquen los pasos de éxito que hiciste en tu empresa, las acciones que acometiste en tu idea de emprendimiento, o lo que sea que desees narrar y que conforma tu primer libro de no ficción.

Recuerda que escribir es conectar... En principio con esa voz narrativa que yace en ti, esa persona contadora de historias que ansía compartir una experiencia de vida. Luego con el lector posible, aquel que entenderá tus palabras, tu intención. Recuerda que escribimos pensando en ese libro que quisiéramos leer nosotros. Siempre mantén la atención a tu voz de lector/ra, esa es tu guía para saber si vas por buen camino.

Importa mucho lo que se dice en un texto, el cómo se dice, con qué intención se dice y con qué finalidad se dice. Y todo ello debe ser expresado dentro de un conjunto coherente de ideas.

Si un texto cumple con estos elementos la lectura será una delicia. Nada como leer algo no solo bien escrito según las normas gramaticales sino además con sentido.

La precisión nos indica una noción de rigurosidad, de cuidar los detalles, de concretar, ser específico. Esto vale para fechas, para situaciones históricas; para describir hechos que ocurren en un momento dado y frente a unas condiciones peculiares.

La claridad está referida a la directa manera de decir lo que se desea, sin rodeos, sin vueltas innecesarias. Es en este punto donde nos ocupamos de vigilar el número desmedido o no de adjetivos y adverbios, por ejemplo.

Cuando hablamos de organización está implícita la habilidad de redactar con pericia. Saber hilar oraciones simples con compuestas. Bailar con el ritmo de las frases cortas y largas. Coordinar cada párrafo gracias a los conectores discursivos ajustados a la cohesión que se pretende mostrar en los textos. Así ir de unos conectores a otros: aditivos — consecutivos — opositivos — comparativos — reformulativos — conclusivos, por ejemplo.

En la red hay miles de artículos sobre marcadores discursivos que se deben tener a la mano para la construcción de un texto coherente, preciso y claro. **Textos que deben estar organizados en párrafos entre cuatro a quince líneas. Textos que deberán mezclar párrafos cortos con otros largos**.

Al realizar un texto se debe tener en cuenta su legibilidad, es decir, en el momento de ser leído, la compresión debe ser inmediata, de esta manera el lector se interesará en lo leído y buscará seguir leyendo. Una lectura se puede abandonar si resulta un texto intrincado en su presentación, por eso el uso de los espacios importa también.

Un texto aireado, con espacios, con párrafos separados hace la lectura más agradable a la vista. Revisa tus libros preferidos y otros que tengas a medio camino en la lectura y constata cómo están presentados los espacios, los textos como un todo. Verás que hay párrafos de distinta extensión y espacios en blanco entre ellos. Incluso puede haber solo una frase, una palabra solitaria y unos espacios antes y después que hacen resaltar esa idea.

Como puedes darte cuenta, **tener un texto bien estructurado es haber cumplido con la misión de escribir con un propósito definido y esto se logra en el continuo y diario hacer.**

Proponte sin mayores vueltas escribir tres páginas al día. Es sencillo. Solo tres. No hay apuro (o sí lo hay, quizás, solo tú lo sabrás), pero el asunto es escribir de manera imparable.

Aquí un inciso importante: siempre se hace necesario que tengas un corrector profesional de textos que te asegure una lectura en profundidad de lo que has escrito. Puedes asimismo tener alguien que te acompañe en el proceso de escribir, como un mentor o *coach* literario que también podrá darte su opinión y evaluación de tu estilo al escribir. Por lo cual pudieras "aliviarte" de revisar y corregir con estas dos figuras de importancia.

Siguiendo adelante y haciendo un resumen de lo planteado en este capítulo: **escribe todo lo que puedas, todo lo que te hayas propuesto sin faltar un solo día a ese compromiso. Puedes pensar en número de páginas, o en un tiempo específico,**

pero que lo resaltante sea que no pases un día sin haber construido ese mundo de palabras que has decidido hacer con buen ánimo.

Recuerda estás en el segundo paso del ritual que es escribir, solo eso. Por ello ten tu tema en mente. Simple: ese tópico que quieres tratar desde tu saber. Bien. ¿Cuánto sabes de eso que quieres escribir?, es una sola cuestión, pero en realidad debes profundizar en dos preguntas: ¿por qué voy a escribir y para qué voy a hacerlo?

Es fundamental dar respuesta a esas interrogantes que hablan de la finalidad y en cierta medida de ese alguien a quien va dirigido.

Teniendo tu idea inicial, te encargarás de contar con claridad para ese alguien que te leerá.

Si tu libro va a ser uno de tu historia personal cuántos apartados escribirás sobre el transcurso de tu vida. Si va a ser un libro sobre un método particular que desarrollaste, cuántas secciones lo compondrán explicando la manera de hacer eso único que has ideado.

En el caso de que estés escribiendo una historia personal es imprescindible verificar la honestidad de tus planteamientos, la verosimilitud de las emociones que viviste. Aquí se trata de constatar que hay un mensaje de resiliencia, de coraje, de aprendizajes diversos. Será centrarte en cómo estás diciendo eso que quieres decir.

Cuando escribimos de experiencias personales nos desnudamos en la página y nuestras palabras deben sonar auténticas y deberán ser entendidas con claridad. **Contamos una verdad desde una visión íntima, y la manera como tu lector verá tu historia dependerá de cuánta cercanía, empatía y solidaridad puedas despertar en él a través de tus palabras.**

En el caso de que estés trabajando con un libro sobre tu historia personal, de vida o de tu emprendimiento o negocio, considerar contar tus inicios es muy bueno. A todos nos gustan las anécdotas de persistencia, reveses y logros. Incorpora los miedos, los fracasos, esas situaciones que pudieron hacer tambalear tu ánimo o incidir en tus finanzas.

Un libro que hable desde el regocijo *de quien ha pasado las verdes y las maduras* siempre tendrá lectores ansiosos de inspiración. Si lograste motivarte más allá de la ansiedad y la desesperación, narrar sobre la forma cómo abordaste esos momentos puede ser aleccionador y podría, a su vez, hacerte ganar más que lectores, fieles clientes de tus servicios o productos, por ejemplo.

Motiva, inspira; seduce, convence; conmueve, divierte, asombra; informa, educa; emociona, conecta.

Decide contar tu método de éxito. Comparte la fórmula para salir airoso entre un mar de tiburones (presupuesto, pandemia, economía global, crisis existencial, problemas familiares...) y haz partícipe a tus posibles lectores de tus mayores aprendizajes.

Hay un mercado enorme en el tópico de "Crecimiento Personal". Quién dice si tú con tu historia de arrojo te conviertas en un conferencista de la talla de Joe Dispenza o Raimon Samsó, o de la brillantez de Brené Brown o Jill Bolte Taylor. El cielo es el límite, dicen por allí.

¿Por dónde podrías comenzar a contar tu libro de memorias? Por ese día cuando sentiste que todo había cambiado dentro de ti. Quizá por esa respuesta que vino a trastornar tu vida. Tal vez por ese mensaje que te llenó de una energía interior desconocida para ti.

Para ello debes apostar a tus palabras conmovedoras, genuinas, persuasivas. Debes hacer tu libro para complacerte en ser alguien responsable con su vida y capaz de inspirar a los demás a su alrededor.

No dejes por fuera el tono personal e íntimo. No olvides dejar en el papel la esencia de quien habla desde las múltiples lecciones vividas y siente que eso experimentado debe compartirlo en su narración.

Si te ocupas de escribir sobre tu idea de emprendimiento o sobre un método particular que has llevado a cabo de forma exitosa, deberás estar atenta/o a si la explicación de los procedimientos y los procesos ha quedado clara. En ocasiones como expertos en una materia damos por sentado muchas cosas. Es tal nuestro automatismo al realizar una labor que no vemos detalles que otro, al leer nuestro escrito, sí se percata.

De allí nacen preguntas: ¿cómo, de qué manera, con qué frecuencia? Asimismo, hay que verificar aspectos como el número de resultados exitosos respecto al porcentaje de fracasos; la metodología implementada; los casos memorables; la disyuntiva de sentirse ser parte de la labor de un equipo o si mostrarse como un líder en soledad.

¡Oh! "¿Y qué pasa si no estoy de ánimos para escribir?". "Se supone que no debería escribir obligándome". "No todo el tiempo uno está igual". "¿Y qué pasa con el bloqueo creativo?". "A veces la vida se interpone y debo hacer dinero, pagar las cuentas, tengo responsabilidades y no me queda tiempo y además llego muy cansado para ponerme a escribir". "No voy a perder mi fin de semana por andar escribiendo". "¿Y cuándo voy a compartir con mis amigos/as?"

Si estas interrogantes te las has hecho, pregúntate entonces si estás comprometido/a con tu proyecto. Las excusas son las reinas de una mente insegura.

El clima, las relaciones personales, los conflictos sociales, la crisis del país; las noticias; los chismes familiares…, en fin, podría seguir con la variada gama de excusas que pueden hacer que no escribas. Siempre dependerá de ti, solo de ti y tu impulso, sobre todo de tu propósito con lo que deseas escribir.

¿Estás seguro/a de que quieres hacer tu libro soñado? Escribe tu compromiso aquí y ahora. Esto es para ti e involucra tu certeza de verte y ser el escritor o la escritora que mereces ser.

____

____

____

____

____

Te confieso que hay días que no apetece escribir. Esos momentos cuando pasan situaciones que te descolocan. Circunstancias cuando hay o bien una tristeza muy profunda o un problema grave que te da vueltas en la cabeza y solo piensas en cómo vas a resolverlo. Ante hechos que agobian muchos dirán que no pueden escribir nada bueno. Yo te digo algo distinto.

Las condiciones pueden ser adversas y es en ese pensar constante en la dificultad cuando escribir puede servirnos de catarsis, de vía de escape. Si nos enredamos en "el más de lo mismo" de los problemas, girando alrededor de lo negativo que sucede, las preocupaciones que se generan, la incertidumbre ante la solución esperada, escribir puede significar enfocarnos en algo positivo, o que, al menos, no nos representa un rechazo, un inconveniente. Es alejar la mirada y ver otras posibilidades.

Algunos dirán que es escapismo, que se toma la ruta de escribir para aislarse de los problemas, como quien se pone las manos en los oídos mientras dice a gritos: ¡lalalalalalala!

A mi juicio escribir te ayuda a centrarte en algo bueno que tienes para dar a otros.

Ante tu mesa de trabajo escritural debes desear despejar la mente preocupada y ocuparla en volcar aquello que deseas decir en tu libro. Incluso puede servirte esa recurrente idea sobre un conflicto para conectarlo con otra situación del pasado donde hayas resuelto de forma inesperada o de manera eficiente.

Escribir nos activa recuerdos, bonitas memorias. Nos trae enseñanzas de otros que podemos aplicar en nuestra vida actual. Nos permite analizar un tema y darle ese giro favorecedor. Y todo esto sucede mientras escribimos. Allí se deja todo lo bueno por expresar.

Hay que ser imparable en el compromiso del proceso escritural. Nada puede detener nuestro impulso de contar una historia, de escribir sobre aquello que hemos decidido plasmar en un libro total, completo, definitivo.

A veces habrá que forzar el día, apurar las ganas. A veces tendrás que ser rígido contigo mismo/a, como un padre que le recuerda al hijo que debe terminar la tarea escolar, como una madre que insiste en que se acomode el dormitorio. Tú eres ese padre, esa madre, tú eres ese hijo, a la vez.

Solo tú tienes la responsabilidad de escribir tu primer libro de no ficción, en el tiempo correcto para ti, de la mejor manera posible y con el ánimo adecuado.

Ponle una intención a cada día y que sea apreciar el don de tus palabras y la habilidad para saber decirlo por escrito.

Como dijo el escritor Wayne Dyer: «Recuerda esta máxima: cuando cambias la forma en que miras las cosas, las cosas que miras cambian. La forma en que percibes las cosas es una herramienta extremadamente poderosa que te permitirá llevar plenamente el poder de la intención a tu vida».

RELEE LO ESCRITO... POR TU BIEN

«Releer no es repetirse, es ofrecer una prueba siempre nueva de un amor infatigable».
DANIEL PENNAC

Releer

Supongamos que el día de ayer terminaste el capítulo que te habías propuesto hacer durante la semana. Habías acordado contigo mismo/a escribir tres páginas por día. Hoy te tocaría entonces releerte todo el capítulo completo.

Es una de las labores más importantes dentro del oficio de escribir. Vas desde el inicio confrontando todo lo que has dicho en palabras a lo largo de todo el texto escrito. Esto lo haces una vez terminado el apartado que venías escribiendo. Por ejemplo, si te habías propuesto escribir cada día un capítulo de diez páginas, el día sucesivo a haber terminado ese número de páginas, vas y relees todo lo que escribiste.

No aconsejo releer desde el comienzo del libro. Me explico: Imagina que ya tienes dos capítulos listos y acabas de terminar el tercero, pues vas a releer solo el tercero, y te preguntarás: ¿tiene sentido? ¿Tiene relación con lo que venía diciendo? Por ejemplo, si al leer no recuerdas qué dijiste con exactitud sobre ese aspecto de interés en el capítulo previo, pues entonces relee desde más atrás.

Pon atención que en este momento estás dándote cuenta de lo que has dicho, lo que vienes diciendo. Estás constatando el ritmo de la historia, estás verificando que tu voz narrativa se entiende a la perfección, estás viendo tu historia fluida y real, estás dejando en la hoja en blanco emociones y recuerdos.

Releer es advertir en principio faltas ortográficas, fallas en la sintaxis, gazapos imprudentes. Pero en profundidad es darse cuenta del valor de lo escrito.

Releer es ser el lector que atisba un vacío en el mensaje, una descripción que no está bien perfilada, una experiencia no bien contada, una emoción en un texto que no se entiende con claridad.

Si la construcción de las partes de tu libro son capítulos cortos, pongamos de solo cuatro páginas, podrías leer la totalidad de lo que has venido escribiendo. Pese a ello, considera que se relee con cuidado, como quien va manejando en una carretera oscura con solo la luz baja del vehículo entre un clima con neblina espesa.

Releer es ir lento sobre lo escrito para detectar imperfecciones, para destacar elementos inconclusos. **Cuando se relee se hacen anotaciones aparte como llamados de atención, se resaltan las partes del texto en amarillo, verde o el color que sea para completar, ajustar o modificar más adelante.** Me explico.

Supón que vienes contando que tuviste un momento de crisis muy fuerte: estabas al borde de la bancarrota. No sabías qué podría pasar en la siguiente semana, hasta que recibiste la sorpresiva llamada de un viejo amigo que te dijo de una idea para llevar a cabo con tu ayuda. Allí se abrió una posibilidad que nunca te habías imaginado. En este momento podrías preguntarte: ¿He explicado bien lo de mis problemas financieros? ¿Habré dicho bien lo que pasó con el aviso inminente de pérdida de mi negocio? ¿Cuánto debería contar, con qué nivel de detalle? ¿Estaré haciendo la narración muy dramática?

Releer es ver mejor lo que se ha escrito. Es poner una lupa, es profundizar en lo que se ha expresado.

Primero irás releyendo para conseguir tildes olvidadas. Leerás en voz alta para precisar la cadencia y el ritmo de cada frase. Después te enfocarás en el sentido de las oraciones, en el efecto de los párrafos, en la profundidad o no del mensaje.

Deberás ocuparte de la intencionalidad comunicativa, es decir, considerar que el propósito de tu texto es significativo, que el contexto que rodea lo escrito es claro, que tus palabras son coherentes con tu manera de pensar y ver el mundo; que el mensaje es directo, se comprende y no hay duda de que el lector será capaz de ver la relevancia de lo que comunicas y pueda interpretar de forma adecuada lo que has buscado decir.

Te detendrás en cada frase u oración para constatar que las palabras tengan el significado exacto de lo que deseas expresar. Cuidarás de no hacer juicios ofensivos o afirmaciones tajantes que puedan ofender a quien te lee, a menos de que tu intención sea generar una emoción o respuesta específica del lector. Esto dependerá del tipo de libro que estés haciendo. No obstante, siempre es importante hacer inferencias de lo que pudiera entenderse en lo que has expresado. **Recuerda las palabras tiene el poder de convocar demonios o aliviar penas; de reforzar ánimos o desatar tristezas. A algunos escritores esto le tiene sin cuidado, pero sopesar lo que se dice nunca está de más, y sobre todo en tiempos convulsos y sensibles como los actuales.**

Elige bien las palabras que usas y evalúa con detenimiento la significación de estas en el contexto de lo que escribes.

Piensa en lo que quieres decir con tus palabras. Escribir no es un simple acto automático, es un proceso reflexivo de una mente que se ocupa en decir algo para lograr un objetivo.

Piensa. Siente. Elige bien las palabras.

Toma en cuenta que la relectura es un proceso que se hace en calma. Es un momento de absoluta atención plena. El silencio alrededor, la concentración entre cada línea escrita y solo tus ojos pasando por lo que has escrito.

Te detendrás muchas veces —y en ocasiones te parecerán pocas— para constatar, verificar, asegurar que has dicho lo que querías. Y digo que te parecerán pocas porque cuando des a leer tu texto a un amigo, a un lector cero, a un corrector o a una mentora literaria, siempre aparecerá uno que otro errorcillo agazapado entre tanta palabra escrita.

Para llevar a cabo el acto de releer con precisión hay que ser constante también: se elige el momento y se aplica todo el esfuerzo en "limpiar" el contenido de cada texto escrito.

Y digo que releas tu escrito por tu bien porque sacar un libro no solo con errores ortográficos, faltas gramaticales, inconsistencias, vacíos de información, gazapos, redundancias, sino además sin emoción, sin sustancia, solo asegurará una mala crítica.

Siempre habrá alguien que le disgusten tus palabras, que no comulgue con tus ideas, que le parezca una historia común y corriente o un texto aburrido o una narrativa sin garra. Eso es incontrolable. No obstante, ocupemos un tiempo que nos sobre o busquémoslo para acomodar cualquier elemento fuera de orden en nuestro libro. **Nunca estará de más leerse, releerse y volverse a leer.**

Releer es la manera como certificamos que sí... es una historia que engancha, implica una verdad que puede conmover, es el reflejo de una vida que se muestra honesta y legítima.

Al ir de vuelta sobre nuestras expresiones plasmadas en la página en blanco estamos no solo confiando en nuestra habilidad para conectar con otros, sino que nos estamos asegurando de que nada se interponga entre nuestras ganas de transmitir esa idea que nos sacude por dentro y el deseo de aprender de algún lector interesado en saber más.

Te relees y confirmas que es una idea que merece ser conocida. Es el momento del "sí, voy bien, voy por más, hago más".

Sigamos entonces al próximo paso.

REVISAR LO DICHO O ¿HICE LO QUE DIJE QUE IBA A DECIR?

«El deber revolucionario de un escritor es escribir bien».

G. GARCÍA MÁRQUEZ

Revisar

Una vez terminada la relectura de lo que has venido escribiendo toca tomar la decisión de enmendar entuertos. En esta etapa del ritual debes revisar en profundidad.

Implica corregir. Es ampliar, modificar, cambiar de lugar, borrar si no te satisface lo que escribiste. En este momento —y siempre con tus anotaciones a la mano— deberás constatar que vas por el camino correcto de la estructura de tu historia personal que habías planteado desde el inicio del proceso escritural.

Te das una pausa para pensar en el mensaje que vienes transmitiendo.

Es de mucha utilidad volver a ese esquema que hiciste al comienzo antes de emprender la tarea de escribir. Revisar lo que anotaste en este mismo libro en los espacios que te sugerí usaras para tal fin.

Imagina que escribiste algo como esto:

El libro que quiero hacer es sobre la motivación al logro a través de mi historia: cómo una mujer que sufrió de anorexia, pudo superarla y hoy está saludable. Quiero que mi libro se divida en tres partes: la crisis, la solución y la motivación al logro propiamente dicha.

Voy a comenzar por contar cómo me veía a mí misma y me comparaba con mi hermana mayor: una atleta de alto rendimiento en oposición a mí que era una adolescente obesa. Luego voy a hablar de cómo pude ponerme mi primer vestido ajustado a los 16 años a costa de sentirme terrible por los efectos del constante abuso de los vómitos provocados.

Después voy a hablar del diagnóstico de anorexia a los 18 años, mi primera cita con la psiquiatra y el apoyo de mi familia para mejorar mi salud; las recaídas por asuntos de amor (incidente con mi novio, rupturas y tristezas) y el descubrimiento de la motivación al logro en una clase de Economía en la universidad y cómo me cambió la existencia al aprender sobre ese importante tópico de vida.

Se supone que ya has releído todo lo que escribiste a lo largo de los tres capítulos, entonces en esta etapa dentro del ritual deberás revisar si has explicado lo que querías decir respecto a las emociones sentidas; si queda claro cómo la comparación disparó sentimientos de rabia y frustración que entorpecieron tu hermandad.

Preguntarte si has ahondado con base científica seria qué le sucede al cuerpo y al metabolismo cuando se sufre de anorexia, los desajustes en la personalidad, los trastornos neuróticos y otros elementos asociados a la mente. Luego vincular la motivación al logro desde la perspectiva económica o propia de recursos humanos al crecimiento personal; contar el aporte de un docente en una clase reveladora y tu interés en ahondar en ese tema y hacerlo tu tesis de licenciatura, tus estudios de maestría, incluso tu emprendimiento como *coach*.

¿Se entiende esta explicación?

Revisar —como digo— **si dije lo que dije que iba a decir por escrito**.

Autoanalizarse desde los zapatos de la persona que escribe: ¿Estoy siendo sincero/a con mi mensaje? Pensaba hablar de tal tema en específico: ¿he sido claro/a en mis planteamientos?, ¿mi perspectiva ha sido directa?

Revisar es volver a las construcciones sintácticas, ir tras la pesquisa de adjetivos sobrantes; volver a las frases comunes y aburridas para sustituirlas con esmero. Vigilar los párrafos y las oraciones subordinadas, el uso adecuado de adverbios y la selección adecuada de los marcadores textuales.

Una cosa es planear decir una idea sobre un tópico y otro es verificar si en verdad se ha expresado eso que se iba a decir por escrito.

En ocasiones damos por sentado que hemos contado los hechos, pero al revisar el cómo lo hicimos, nos percatamos de que hay detalles inconclusos, que no hemos mostrado con claridad, que hay aspectos que no contemplamos, que hay vacíos que surgen al leer y justo en ese momento de revisión surgen, no para incomodarnos, sino para hacer perfectible lo escrito.

Por eso hablo de corregir. Cuando se habla de la corrección se presume que es solo que el escritor toma el trabajo de ir sobre sus palabras y busca precisar su uso, mejorar su expresión. No obstante, puede ir más allá vinculándose al perfeccionamiento del hecho narrado. La corrección implica una revisión de alguna idea que nos ha dejado un sabor a insatisfacción.

Modificar una idea, alterar un suceso, transformar una situación, todo esto implica corregir. Es un paso fundamental del escritor, significa perfeccionar su arte porque solo leyendo con atención lo escrito puede dar con aquello que necesita ser transformado.

Es importante recordar que quien escribe es un lector que siempre espera más de un libro. Por ello como lector revisa que todo esté entendible, que las ideas sean precisas.

En ocasiones en esta etapa los libros en elaboración se transforman. Cuando volvemos a leer lo que hemos escrito unas líneas más arriba o unos capítulos previos, podemos darnos cuenta de un aspecto que nos da motivos serios para pensar, eso enturbia nuestra percepción de la obra y es allí donde decidimos alejar la lupa para captar el peso específico o no de un detalle que nos ha hecho ruido.

Quizá haya que alterar algunas páginas. No debe ser un aspecto que cause inquietud, lo que debe importar es que esa modificación implique reescribir de nuevo para hacerlo más claro, y, por lo tanto, mucho más atractivo. Lo definitivo e importante es que se haya hecho lo correcto. Todo es perfectible, todo puede ser mejorado. La intención al escribir tu libro debe ser la garantía de que va a ser un producto cultural de primera, o al menos, eso se espera de alguien que escribe con ganas de éxito.

Corregir es no solo enmendar algo que no debe salir de esa manera, es cuestionarse sobre lo que estamos expresando.

Las palabras tienen un valor absoluto en la comunicación y, por tanto, la escogencia de esas imágenes, recursos, ideas debe hacerse con prudencia y pericia también.

Escribir un libro no es una tarea de rápida ejecución, requiere trabajo y aguante de volver una y otra y otra vez sobre lo ya expresado hasta dar con eso que nos haga sentir complacidos, porque la insatisfacción puede ser un tema recurrente.

El asunto es quedar en silencio, distanciarse de lo escrito. Leer. Corregir. Reescribir. Hacerse responsable de lo dicho. Cuestionar todo y autocuestionarse como escritor/ora novato/a.

Al escribir somos como artesanos: vamos de a poco haciendo surgir nuestra mejor obra. Vamos viendo la hoja y el bosque, a la vez. Vamos de lo pequeño a lo grande y viceversa, en un juego constante de automejoramiento, porque todo puede decirse mejor. Fluimos entre el impulso del comienzo cuando nos atropellamos de palabras por decir versus la energía ralentizada del momento de la revisión. De una palabra que no suena bien a un texto repleto de sentido hay toda una jornada invertida en el placer de la acción escritural bien hecha.

A veces hay que ser como campesinos que recogen su cosecha y van descartando la paja del trigo: ¿qué ideas no sirven y por qué? ¿Qué argumentos están flojos y cómo pueden volverse potentes mensajes? ¿Qué compromiso se tiene con tu historia y cómo se ha venido desarrollando a lo largo del libro escrito?

Por eso es necesario confrontarse con las ideas débiles. Acercarse a las más interesantes y darle una mirada crítica. Tomar distancia de ti mismo/a y de tus ideas tajantes. No anclarse a los argumentos del ego sabio, sino intentar mirarlos desde la perspectiva más de lector/a no que de escritor/a. Criticarse hace bien.

En la revisión de lo que se trata es de verificar el producto textual que vienes elaborando, por ello hay que:

- Profundizar en el mensaje que buscas aportar. Ahonda en los detalles que hablen de transformación y aprendizaje. A todos nos gusta saber cómo se superó una situación límite. Por lo cual es necesario que expliques tus factores de cambio, las situaciones imprevistas, los conflictos vividos y la mejor resolución encontrada, por ejemplo. El paso a paso de esa ruta de crecimiento personal ante una circunstancia determinada.

- Corregir los textos que resulten poco comprensibles, es decir, chequear tiempos verbales en su debida corrección gramatical. Por ello se debe revisar la sintaxis, analizar la coherencia y la cohesión de los textos, así como el uso pertinente de los conectores que vinculen —con sentido- cada párrafo que se ha realizado.

- Ajustar las posiciones de las ideas, a veces cambiar de lugar puede ser una solución.

Disponer el orden de los párrafos o de ciertas oraciones en ocasiones puede ser un recurso muy útil cuando algo expresado no nos convence mucho, sobre todo al releerlo. El truco está en leer en voz alta y constatar que se entiende, tiene sentido, es coherente. Sugiero también leerle a otro, quizá a un pariente o a un amigo, y preguntarle si se entiende, si cree que está bien expresada la idea.

- Eliminar lo que no satisface, borrar lo que no se haya escrito con pulcritud lingüística. Recomiendo no apegarse a lo expresado, pues todo puede mejorarse. Así, ve y suprime ese texto que no dice nada, quita esa descripción que no tiene el efecto deseado. Suprime sin miedo, hay más ideas esperando a ser usadas. No le temas al vacío de palabras. Fuérzate a construir con ideas nuevas cada vez. Apela a tu creatividad siempre. Recuerda que esto es un trabajo placentero: es el libro que deseas ver hecho una realidad.

Por esta razón, la fluidez en lo que comunicas más que un deber, debe ser un acto en modo imperativo.

Ordena tu mente y ordena tus palabras. Ve analizando cada párrafo, cada oración, cada idea.

Te aclaro —o te advierto, tal vez— que autocorregirse puede ser una tarea que agobie. Nos gusta apegarnos a lo escrito, tal como lo dijimos en el momento cuando lo escribimos. Pero no. Podemos decirlo mejor. Siempre se puede ser más preciso, más directo, más concreto.

Hay que hurgar en nuestro espíritu crítico. No debemos dejarnos cautivar por el ego que nos dice: "¡Wow!, ¡qué bueno esto que escribí!". Debemos, más bien, ser implacables con la consecución de nuestro mensaje. No basta *ser impecable con las palabras*, hay que ser, como lo he expresado antes, un artesano que cuida lo que hace, ama lo que hace y piensa en cuánto le va a servir a alguien más lo que ha producido.

Para mí he allí el punto focal de la revisión: sacarles el lustre a las ideas y volverlas luminosas para nuestro lector ideal.

La labor de la revisión bien podría tomarte unas largas semanas, incluso podría llevarte meses. En mi segundo libro me tomó varios años... Claro dependerá de tu compromiso, obstinación o anhelo hacia el producto final. Y ojo con ese síndrome del impostor/a que puede sabotear esta labor de revisión. Sabemos que la perfección no existe al 100 %, sin embargo, prestar atención a los detalles y esforzarse por el producto digno de orgullo, debe ser el talante de esta etapa.

Lo interesante de darle tiempo a la revisión es como lo que le pasa a alguien que hace pan: toma los ingredientes; mezcla, une, amasa. Ve crecer y vuelve a amasar. Deja en descanso la masa y después de media hora vuelve a destaparla. Toca, palpa, siente. Solo después de la constatación de la magia salida de la sal, la harina y el agua, crea, observa, espera para disfrutar el pan futurible listo para meter al horno.

Si pudieras leerte con ojos nuevos. Si pudieras revisar como si no fueses tú, el padre o la madre de la criatura, sería estupendo.

Quizá necesites otra mirada, la de un experto. Pero primero haz tu trabajo, sé consecuente con tu nuevo oficio. Ya escribiste, ya te releíste, ve y revisa de cabo a rabo, de principio a fin.

Ten tu lupa. Atrapa al investigador/a que llevas dentro. Revisa la potencia de los verbos, la exactitud de los sustantivos, la pertinencia de los adjetivos. Ve desde la oración simple hasta el párrafo con sentido completo.

Atiende al objetivo, al tema, al corazón de lo que persigues expresar.

Pasa de lo ortográfico, lo gramatical a lo semántico, a lo pragmático.

Tu manuscrito limpio es tu meta.

Solo después piensa en delegar esta labor de revisión extra a un profesional que haga el análisis ortotipográfico y de contenido. Te ahorrarás fe de erratas y malas críticas por la presentación de tus ideas.

GUARDAR AHORA O BORRAR PARA SIEMPRE

«Leer sin reflexionar es como comer sin digerir».
EDMUND BURKE

Dejar reposar

Una vez escrito, releído y corregido queda seguir escribiendo hasta dar por terminado tu objetivo: el libro final. ¿En cuánto tiempo se hace un libro? La respuesta más acertada es depende... de lo que te pautaste previamente al iniciar el proyecto; de lo que acordaste con tu editor, de lo que le prometiste a tu otro yo [el escritor inseguro que dudaba de tu capacidad y compromiso].

En este momento del ritual vuelves a revisar tus apuntes para agregar datos que no hayas usado y que consideres que serán de utilidad. Relees todo el libro de la página primera a la última palabra de la última página y, lo más significativo, lo dejas reposar.

Dejar reposar significa que te tomarás el tiempo de "olvidar" lo que has escrito como quien hace vino y deja descansar el contenido de la botella manteniéndola guardada en 45º o en posición vertical para que el tiempo haga su magia.

Guardas tu preciado documento y te tomas el tiempo para que se asienten tus ideas. **Cuando le damos aire a un proyecto escrito, un par de semanas, por decir un tiempo breve, luego al abrirlo y comenzar a releer lo verás con otros ojos.** Recordando siempre hacer una lectura comprensiva, que no es rápida sino atenta a lo que se cuenta. No hay que olvidar que ese libro tuyo espera ser leído por mucha gente.

El reposo del libro escrito es necesario para dejar pasar el impulso creativo del hacer para pasar al modo crítico del rehacer (o del deshacer).

Desde mi análisis, dejar descansar el texto luego de haberlo revisado y corregido permite optimizarlo. A la distancia puedo juzgarlo desapasionadamente, tomando distancia emocional. Además, hemos pasado por todas las fases arduas de escritura, revisión y corrección. Por eso es necesario guardarlo por un tiempo.

Es necesario tomar distancia, hay escritores que dejan por meses su manuscrito impreso antes de darle un vistazo final y darlo a leer a alguien de su confianza absoluta. Esa persona nunca debería ser un ser querido, pues no queremos aprobatorias complacientes, se necesita es una voz crítica, una visión objetiva, por ello siempre hay que contar con un par de buenos amigos lectores experimentados que nos puedan decir la verdad de eso que hemos hecho con orgullo, pero que a veces no es en realidad tan bueno como creemos.

Es importante estar abierto a las críticas, aceptar las observaciones que tengan a bien darnos nuestros *lectores cero*. Sobre todo, si hay un vínculo afectivo (un amigo docente, una amiga investigadora, un asiduo lector de mucha confianza). Debemos tener la mente abierta a escuchar o leer comentarios poco condescendientes para nuestra egolatría.

Es preferible una opinión objetiva severa para un comentario halagüeño y que no nos ayudará a crear el libro de calidad que merecemos dar a leer al gran público (o al menos a un puñado de buenos amigos de la lectura). No olvides que eres lector, aprecias el arte de las palabras y las buenas historias.

También puedes pagarle a un experto para que haga una lectura crítica y te ofrezca un informe de lectura profesional que evalúe la pertinencia de tu obra, en otras palabras, la calidad literaria y su potencial comercial. Este informe te servirá, tal cual una radiografía, para mostrarte las virtudes y las debilidades de tu libro. Tú, escribiente comprometido/a, deberás corregir lo que esté mal planteado y rehacer lo que sea necesario.

Ser responsable de nuestras palabras, de nuestras intenciones comunicativas, del valor de nuestro mensaje, de eso se trata.

"¿Y qué pasa si a ninguno de mis tres lectores críticos-amigos les gusta lo que escribí?"

Esta pregunta podría salir a relucir... Pero hay que precisar un par de consideraciones: en primer lugar, puede suceder que te indiquen elementos puntuales dentro de tu texto que no les satisfacen. En este sentido solo quedará "arreglarlos", es decir, releer, constatar las opiniones que de seguro te habrán indicado por escrito (o tú hayas hecho anotaciones) y volver a escribir cuidando esos detalles.

En segundo lugar, podría suceder que, de verdad, haya que tomar una decisión radical. El asunto aquí será cuánto te has "encariñado" con lo que has escrito. Aunque desde mi experiencia conversando con expertos, si hay talento, hay rigor ante el lenguaje, hay responsabilidad en el trabajo y si hay un deseo honesto de dejar huella, tu libro estará allí en ese espacio de la disciplina y el bien decir. Solo quedará reescribirlo después de pasar por la tormenta de la insatisfacción, lo que significa guardarlo en una carpeta que titularás: "Producto en maceración".

Esto es en el caso de que hayas escrito algo no muy bueno... queda guardarlo para rehacerlo. O si estás abierta/o a buscar ayuda, entonces contrata a un/a *coach literario* que te conduzca en el quehacer escritural, una voz experimentada que te brinde la ayuda para enmendar esos entuertos.

Es importante la autoconfianza. Todos sabemos escribir, todos leemos, pero la pericia del que desea convertirse en un buen escritor, en una escritora de excelencia, es otro punto.

Hay millones de ideas para escribirlas, tantas como dispuestos escritores para llevarlas a la realidad del papel. No obstante, el mundo de los escritores de verdad, comprometidos y rigurosos, no es muy extenso.

Por tal motivo te digo: reafirma tu valor personal como escribidor, escribiente o escritor. Las tres palabras parecen sinónimas, pero no lo son, hay un matiz justo entre las tres que las diferencia con exactitud.

No es lo mismo aquel que escribe para pasar un rato y no ve intensidad en el acto de producir ideas, del que es prolífico y cada día supone un reto decir algo que no solo se entienda, sino que aporte luz a la vida de alguien.

Si quieres escribir debes tomar el riesgo y hacerlo como nadie.

...

Sí, puedes suspirar entre esos puntos suspensivos. A veces no escribimos tan bien como nuestro ego cree, y duele, es un golpe bajo y hay que asumirlo.

¡Ah!, pero... Este no será tu caso porque te habrás ocupado en perfilar bien tu idea desde el comienzo, habrás investigado lo suficiente, habrás hecho algún curso de escritura creativa; habrás trabajado en escribir bien, yendo y viniendo en cada párrafo, cada oración, cada frase para pulir tus palabras y embellecer tus textos. ¿No es así?

Por eso es fundamental tomar distancia emocional. Si lo haces puedes descubrir que algunas narraciones no son tan impactantes como pensaste; que hay párrafos flojos con frases poco convincentes. Eso me pasó justo con este libro. Me había enamorado del comienzo, creía que era único, súper diferente, casi cinematográfico. Y no, después del reposo de más de un año lo quité, toda la primera página cambió a lo que leíste tú en su momento. A veces menos es más, recomendación útil del minimalismo.

Ese distanciamiento de tus textos evitará que termines borrando ese documento de más de veinte mil palabras. Eso es lo que nadie quiere, por supuesto. Por esa razón debes acostumbrarte a dejar reposar el texto.

Entonces si ya escribiste todo lo que tenías por decir, si ya te releíste y corregiste, si ya dijiste que estaba listo, pues deja tranquilo tu manuscrito por unas semanas.

Trabaja en otro proyecto o mejor aún, lee un libro nuevo, termina ese que tienes pendiente o vuelve a aquel que es inspiración. Al leer las ideas de otros, al leer analizando la manera de contar de nuestro escritor favorito, por ejemplo, podemos encontrar señas para incluir en nuestro propio libro. Despejarte leyendo a otros, ese es un buen consejo. Así estarás fresco/a para ver con ojos perspicaces desde el título hasta la frase de cierre final de tu propio libro.

Cuando vuelves a esa lectura posterior al reposo, encontrarás quizá algún fallo, alguna inconsistencia, o tal vez un par de errores de dedo. O, mejor aún, verás tu acierto en esas frases redonditas de sentido, en esos fragmentos que muestran tu estilo peculiar y aparecerá ese calorcito interior de la palabra satisfacción por el trabajo bien hecho.

Guarda tu manuscrito si tiene vida. Corrígelo si presenta algún mal síntoma. Y recuerda que bajo tus yemas hay 27 letras para crear un mundo completo y darlo a conocer a nuevos ojos curiosos.

Como he dicho antes: no olvides que escribes porque eres lector/a y quieres hacer ese libro que te gustaría leer.

¿Qué implica un esfuerzo? Pues sí, pero lo vale, ¿no es verdad?

ESCRIBIR PARA QUÉ

*«No se es escritor por haber
elegido decir ciertas cosas,
sino por la forma en que se digan».*
J . P .   S A R T R E

Cuando comenzamos con una idea, cuando nos dejamos llevar por la inspiración, esa que nos encuentra trabajando en nuestro proyecto, la aparición del texto estructurado en su complejidad se hace imagen borrosa. Vale tomarse un tiempo y pensar sobre el propósito de eso que deseamos escribir.

La palabra propósito significa intención de hacer algo. Es ese ánimo que se tiene para conseguir un objetivo preciso.

Determinar el propósito de hacer un libro es una pregunta muy personal. No hay respuestas

correctas, solo hay razones íntimas que han sido analizadas con detenimiento.

¿Pero qué tanto hay que pensar si lo importante es soltar los dedos y plasmar lo que la mente nos impulsa a hacer? Siempre hay que tomarse el tiempo para una reflexión sobre el acto de escribir, analizar el para qué. Porque no puede ser una escritura automática como si estuviésemos en trance.

Por supuesto sé que hay muchas personas que han compartido sus experiencias de voces que le dictaban, de frases que le asaltaban en mitad de la noche, de oraciones completas que salían como a borbotones, imparables en su frecuencia. Sin embargo, eso no es lo común en los escritores noveles.

Lo usual es que alguien que desea escribir un libro piense en él y comience a desmenuzar el trabajo en un esquema previo.

El bien decir es una regla sencilla y simple: presta atención a lo que escribes y dilo con precisión y belleza.

Te he dado los pasos concretos que forman el ritual, que contribuirán al desarrollo de tu método de trabajo al escribir. Te habrás dado cuenta de que antes de esa ejecución de motricidad fina debe haber una mente que evalúa si lo que piensa es válido para ser llevado al papel.

Así, escribir para:

Darme a conocer.

Compartir una historia a mi juicio única y maravillosa.

Propiciar un acuerdo comercial entre ese lector que es un posible cliente de mis productos o servicios.

Testificar sobre una historia que debería conmover al mundo.

Dejar un legado a los míos en el futuro.

Entretener a lectores aburridos.

Sea una razón u otra, todo es válido para ser escrito. Nadie puede decirle a otro que no lo haga. Aunque en realidad existen miles de críticos encargados de desalentar a millones de escritores que sueñan con su nombre en el lomo de un libro ubicado en un estante que dice: *Novedades*.

Y volvemos a la frase inicial de este capítulo interrogándonos: ¿Escribir —*de verdad*—para qué? Hay buenas personas que antes de responder esto hablan es del *para quién*. Aquí condensamos a hijos agradecidos que les escriben a sus madres, maridos consumados por la pérdida; mujeres enfrentadas al mundo. En fin, un sinfín de sujetos escribientes que perfilan sus obras futuribles desde una razón emocional conectada a otro ser humano que es quien da el impulso para escribir. Basta solo leer las dedicatorias variopintas. Pero eso es otra harina en otro costal. Volvamos al para qué.

Quizá escribir es para hacerse más humano.

Solo quien ha sentido la tristeza punzando como una daga o la felicidad como un fulgor resplandeciente comprende que escribir para mostrar su emocionalidad es importante en la carrera de hacer libros.

Hacerse más humano porque se ha comprendido el mundo enloquecido que nos ha tocado vivir. Salir del egoísmo, dirigirnos a la empatía y sintonizar desde el ser solidario y tolerante que llevamos dentro.

Por eso cada *para qué* es único. El propósito de tu libro quizá no se parezca al fin de este que estás leyendo en este preciso instante. Sin embargo, se parecen porque buscan conectar con otro ubicado en la otra orilla del río de palabras.

No olvides que hacer un texto es como tejer y tu objetivo es entretejer ideas con una intención comunicativa y en un contexto específico que enlacen a las personas con sus deseos, sus sueños, sus recuerdos, sus memorias, incluso con sus miedos y pesadillas.

Un libro puede ser un espejo y reflejar una vida similar.

Un libro puede ser una puerta abierta que conduce al escape y la libertad.

Un libro puede ser un itinerario y servir de bitácora para quien ha perdido el camino de la fe o del optimismo.

Tu libro de no ficción puede contener la voz de la experiencia, la conciencia de un experto. Puede ser brújula y catalejo. Puede convertirse en manual y guía.

Tu libro de no ficción será lo que te hayas propuesto que sea. Por tal razón, el propósito que llevas contigo al hacer tu libro me importa que lo visualices bien para que así lo crees mejor en tu ordenador.

Escribe para que te sientas vivo.

Y pregúntate: ¿qué quieres hacer sentir? ¿Cuál es la intención comunicativa que se desprende de tu libro? **¿Qué quieres que haga tu lector o lectora cuando termine de leer tu libro?**

Estas interrogantes fundamentales forman la base de tu propósito al escribir, sea motivar, atestiguar, entretener, conmover, persuadir, reflexionar, convencer o entusiasmar.

Tu propósito está cercano a la palabra <u>compartir</u>. Se asemeja a la palabra <u>anhelo</u>. Surge de una voz interior dentro de ti.

Tu *para qué* es único y debes prepararte para hurgar adentro de tus deseos, miedos y dudas.

Implicará horas de trabajo frente a tu pantalla, sentado/a por largo tiempo. Yendo y viniendo entre lo que dices, lo que has dicho, lo que quieres decir, junto a relecturas constantes.

Hacer una historia que mantenga el interés.

Contar una historia que cautive a alguien sentado, de pie o acostado.

¿Qué no has pensado en tu propósito con ese libro que quieres hacer? Pues debes hacerlo. Te debes topar con eso que te impulsará a escribir. Piensa. Siente. Piensa de nuevo.

¿Acaso hacer un libro de no ficción es tu propósito de vida?

Si has afirmado con la cabeza, si has sonreído, son signos evidentes que eso positivo que emerge de ti es tu fuerte propósito, tu motor de acción para escribir miles de palabras negras sobre blanco.

Te invito a que escribas tu peculiar respuesta en estos espacios: **¿Para qué quiero escribir, específicamente, un libro de no ficción?**

____

____

____

____

____

____

____

____

____

He aquí asentado tu propósito. Lo verás en un par de años y sonreirás, o al menos eso deseo.

He aquí un *para qué* de mis preferidos...

En una entrevista a García Márquez en el año 1996 el nobel colombiano expresó: «Escribo para que me quieran más mis amigos». He aquí una respuesta interesante a considerar. El propósito del acto de escribir debe ser desprendido desde el ser emocional, no hay otro camino. Solo desde el amor podemos hacer algo perecedero con las palabras. Sea un texto académico o incluso solo la entrada a un blog, siempre hay un fin qué perseguir: llegarle a otro, bien desde el saber o desde el interés sentimental (del sentir).

Lo que debe estar presente es la emoción que se le ponga al proyecto. Valdría a modo de refrán popular expresar algo como: **Quien escribe sin pasión, no puede esperar devoción**.

Sea para cumplir un sueño personal o para satisfacer una inquietud intelectual, si estás decidido a hacer tu libro solo busca tu para qué y escríbelo. Piensa en el tipo de libro que deseas construir y ¡comienza a hacerlo!

Tomemos las palabras del grande Ernest Hemingway: «Escribir no va sobre hacer dinero, hacerse famoso, conseguir citas, conseguir una ocupación o hacer amigos. Al final va sobre enriquecer las vidas de aquellos que leen tu trabajo y enriquecer tu propia vida al mismo tiempo. Va sobre levantarse, superarlo y vencer. Ser feliz, ¿vale?»

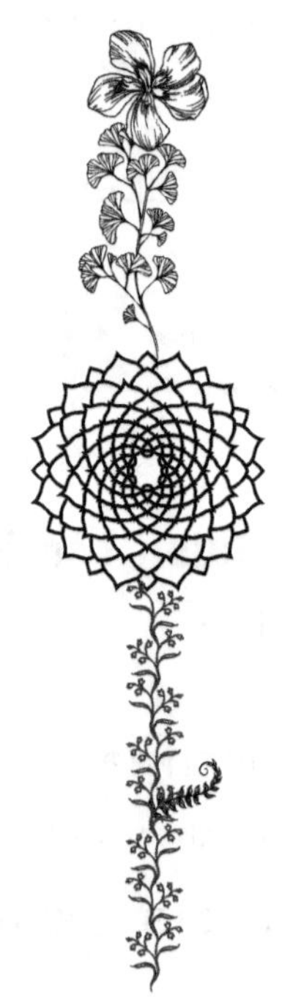

AUTOANÁLISIS DEL ESCRIBIDOR

«Las palabras constituyen la droga más potente que haya inventado la humanidad».
RUDYARD KIPLING

A ver... ¿Qué significa escribidor? Plantea la RAE dos acepciones contrarias: un escritor prolífico y un mal escritor (coloquialismo en desuso). Es opción tuya, creador/a en formación, decidir ponerte en el lado correcto. Empezar tu libro enfocado/a en hacer un buen trabajo, tan nutritivo que surjan otros libros por hacer. Ubicarte en la acera del camino constante, los reveses de la inspiración y del esfuerzo técnico, o aquel de la chapucería, "el copia y pega", el descuido y la falta de rigor.

Uno de los primeros consejos que deja el escritor estadounidense Stephen King en su libro *Mientras escribo* dice: «Escribe primero para ti, y después preocúpate por el resto de lectores». Muy certero, ¿no lo crees? Si soy quien le da vida a mis palabras, debo enfocarme en decirlas lo más primorosas posible. Debe gustarme lo que planteo. Es necesario que vuelque mi verdad, expresar cómo veo el mundo y cómo vivo en él a través de mis ideas.

Escribir y volver a escribir corresponde a la acción de tachar, de repensar, de anular una idea y sustituirla por otra más convincente. Imagina que un escritor es un paseante que va a un bosque a buscar inspiración. Va recorriendo los senderos, se agacha si es necesario cuando avista la rama muy baja de un árbol; salta un charco dejado por la lluvia mañanera; está atento a sonidos, ruidos, aromas, destellos o cambios en la luz. Durante su travesía va mirando con atención, poniendo cuidado a todo lo que pueda servirle en el camino. Toca, prueba, goza de la experiencia. Luego se devuelve por donde comenzó y va confirmando todas las maravillas que se encontró o percatándose de elementos que no había visto en su recorrido.

En todo caso a la inspiración se llega desde la acción.

Si has podido leerte y convencerte de que estás en la ruta de las frases precisas dentro de la historia perfecta, el camino se te hará más llevadero. Aun cuando haya momentos que te cuestiones, esas interrupciones solo hablarán de tu responsabilidad ante el texto. Después, mucho después, aparecerá la figura del lector ideal, a quien dirigirás tus historias.

Porque las historias son creadas a veces con dolor o desde el dolor. Los recuerdos pueden ofrecerte el sufrimiento necesario para que hagas catarsis de una situación dada en el pasado. Las nuevas experiencias provocan pena porque debes distanciarte de los sentidos y encapsular el evento a ser contado, despojándote de lo innecesario y acercando la mirada a lo más incómodo por decir.

En este autoanálisis que planteo, el sujeto que escribe se erige como un creador, por tanto, es dios. Convoca todo el poder de las palabras, recrea situaciones, habla de proyectos y sueños truncados y acaba por mostrar un mundo distinto a cualquiera, y a la vez, tan humano que es una historia tan creíble como la de cualquier hijo de vecino. También puede recrear un pasado y ofrecer su verdad contada a través de sus decepciones, y de esa manera, aparecerán experiencias que ayuden a otros a irse con calma cuando hagan negocios o cuando estén en una situación migratoria peculiar, por ejemplo.

Un primer libro de no ficción puede ser escrito por un emprendedor, una emprendedora que desea dar a conocer su idea de negocio.

Asimismo, puede hacerlo un hombre de negocios o una mujer profesional que quiere reinventar su vida y empieza una nueva carrera fuera de lo habitual conocido.

Hay libros primerizos escritos por personas que quieren impulsar su profesión, darle credibilidad a su proyecto de vida; desean destacar en una actividad determinada.

Hay primeros libros que surgen de una sensibilidad especial debido a la superación de un trauma, fracaso o enfermedad temible. Allí los textos buscan ofrecer una luz a otros en situaciones similares.

Cuando se decide escribir un libro, tengamos o no aspiraciones en convertirnos en serios escritores, decididas escritoras, no hay bifurcaciones posibles, no hay desvíos; solo se hace, se lleva a la acción, se ajusta la velocidad y se da marcha al ritmo del motor creativo, siempre con la vista puesta en el final de ese camino creador.

Puede que haya que aminorar la carrera, es posible que haya que recalcular la ruta. El destino (el público lector / el mercado) está esperando: un libro que sumará a la vida de otros, un libro**+**.

O con tristeza algo hecho a las carreras, sin intención clara, sin un para qué definitivo. Allí se verá un libro, sí, escrito sin amor y sin aportar algo útil, un libro de los **—**.

Como lo esbozaba en mis palabras iniciales y ahora amplío: Un libro **+** porque suma valor al mundo de las letras. Un libro que llega para saciar el deseo lector de alguien. Un texto impecable de faltas y repleto de sugerencias. Unas páginas que ayudan a evocar o a olvidar o a tomar para sí una enseñanza premeditada.

Los libros **+** son los que aseguran recomendaciones y relecturas; esos que nos absorben y nos tienen a su merced. Los imponderables, los ganadores de afectos, los millonarios en corazones, pulgares arriba y ventas.

Por el contrario, un libro — no llega a hacerse del todo bien, el desgano pudo más en el posible creador. Fue el sueño imperfecto de un escritor o una escritora que no se enfrentó a sus ganas y a su responsabilidad, y sacó cualquier cosa para ser llamada "libro".

Hay otra categoría, los libros abandonados, esos que se quedan en simples ideas por hacer, en manuscritos que nunca fueron impresos, con mala suerte, que no fueron queridos de manera suficiente por sus autores. Manuscritos que tienen flojera en el decir, con frases clichés, lugares comunes; sucesos con parches donde no puede entenderse para dónde va la historia ni porqué continúa. Son textos donde un corrector siguió de largo o ni siquiera fue llamado. Estos libros abortados quebraron la genialidad de las palabras, son inhibidores del deseo lector; fueron olvidados luego de cuatro páginas pasadas con pesar. Representan el supremo miedo de los escritores, es Siberia en el ánimo de quien pagó para una lectura cálida.

Hagamos libros que sumen.

Un libro que se culmina con éxito es el producto de una persona con hábitos escriturales, que no se hizo de una simple rutina para escribir, sino que creó su propio ritual para hacer de ese instante de convocatoria de palabras, un acto mágico. Es el logro también de un lector frecuente.

Siéntete incómodo/a con lo que escribes hasta que las palabras se aposenten en tu gusto. No des por terminado un capítulo, un párrafo, una oración simple sin constatar que la selección ha sido la adecuada. Piensa como lector/a: ¿se estará entendiendo esto que digo? No pares de hacerte preguntas. Estas crecerán como la mala hierba, es verdad, sin embargo, solo al responderlas dejarás limpios de paja todos tus textos, toda la historia que buscas contar.

Cada interrogante que nace desde tu <u>yo lector</u> ayuda a tu <u>yo escritor</u>. Al menos infiero que estas líneas las lee alguien que es lector/a antes que otra cosa. Solo leyendo podemos darnos cuenta de la belleza del oficio. Tal como dijo Hemingway: «Si no tienes tiempo para leer, no tienes tiempo —ni las herramientas— para escribir. Tan simple como eso».

No pares de leer a otros mientras tú escribas. Lee todo lo que puedas, no discrimines, siempre hay un libro que está para salvarte, inspirarte y nutrirte.

Mantenerte al día con lecturas te permitirá airear tus propias ideas. No te apartes de diccionarios y glosarios. Ten en cuenta que escribir es un compromiso con el #biendecir.

Acude al diccionario de sinónimos. Date un paseo por diccionarios etimológicos. Aprende nuevas palabras. Busca ampliar tu léxico. **Hablar tu lengua madre te hace más responsable de lo que dices. Se espera que, si pretendes escribir un libro, lo hagas con atención.**

Recuerda que quien escribe de manera formal, quien desea perfilarse como alguien que le gusta escribir bien, es un amante del lenguaje. "Sé impecable con tus palabras" como dice don Miguel Ruiz.

El escribidor que se autoanaliza se yergue sobre un piso inestable. Se dice: *Muy bien quiero escribir y lo voy a hacer en serio, por lo tanto, voy a tomar mis recuerdos, mis experiencias, mis aprendizajes y voy a compartirlos para dejar mi legado.*

El que sueña con escribir vive confrontando sus demonios contra sus ideas geniales. El ego que señala con un chillido "¡eso ya se dijo!", "¡qué poco original eres!", respecto a la genialidad que se encuentra en un hecho que te ocurrió a ti y que solo tú eres capaz de contarlo como si estuvieras creando el mundo desde las tinieblas.

Tu texto deberá iluminar la vida aburrida de un lector. Tu texto tendrá la misión de alegrar un día, propiciar una esperanza, divertir a un solitario, sacar del letargo a un consumido por el hastío.

Si sueñas con escribir sobre tu vida ya sabrás cuán auténtico/a debes ser, cuán verosímil serán esas emociones que compartirás.

Si te analizas como un escribidor empollón, entonces sigue leyendo muchos libros de escritores famosos y aclamados por la crítica. Si por el contrario eres una escribidora que se deja llevar por su creatividad y se reafirma en su confianza, en su poder personal, pues sigue adelante dándole a las teclas y exprimiendo ese talento que urge por salir.

Ten en cuenta que el talento, la vocación y la inspiración conviven en la misma casa.

La mejor recomendación es: hazte un hábito, dispara tu gatillo creativo y avanza cada día, incansable, constante; crea una página tras otra; toma nota de ideas que veas en la calle. Lleva una libreta para que asientes todo lo que pueda nutrir tu historia, o más fácil todavía, usa tu móvil y graba tu idea audible por si llega una inspiración fuera del teclado y la pantalla del computador.

Sigue un método, créalo a tu imagen y ajustado a tus rutinas y deberes. Insisto, eres un creador, una maravillosa creadora de nuevos mundos, no lo olvides. Reflexiona sobre tu tiempo de calidad, reduce el tiempo en redes sociales y evalúa los "huecos" libres en tu horario si estás en un empleo fijo.

Toma en consideración que hay un libro para todos, es decir, puedes escribir el libro que desees porque siempre va a existir alguien con el cual conectar a través de la escritura.

Considera hacerte una práctica que mezcle tu vida fuera de los libros con tu habilidad creativa. Esto significa que si eres mujer-madre-profesional no te dejes atrapar por la rutina del 9 a 5, la escuela de los chicos y las asignaciones del colegio; no te agobies por tu madre obsesiva, el jefe y los reportes por hacer; la casa y las labores domésticas, o las excusas variadas que tu mente y ego te tienen dispuestas en un plato para que las engullas. Saca a la voz que se victimiza y siente que nunca podrá hacer lo que sueña porque hay alguien, algo que se lo va a impedir. Desátate y empieza a actuar y, sobre todo a hacer.

Si eres hombre no te excuses en mil labores para no enfrentarte a tu capacidad para decir buenas ideas. No culpes a tu pareja, a tus hijos, a tu compañero de cuarto o a tu mascota por el tiempo que no ocupas en escribir. Deja que la competitividad contigo mismo te aúpe a hacer ese libro en el menor tiempo posible. Juega con tu mente y desarrolla ese proyecto creativo como si fuese un/a amante que espera por ti cada día.

Si estás a cargo de no solo una familia, sino de un rol de responsabilidad que tensa las cuerdas de lo que se espera de un hombre eficiente, aprópiate de tu tiempo para escribir y lleva a la página en blanco esas ideas que conversas a veces, esos deseos que garabateas en hojas recicladas.

Hazte el espacio, las horas y la disposición para centrarte en tu plan escritural. Así que, tómate el tiempo para escribir como un *time out*, un tiempo fuera para todo lo demás que no signifique estar sentado/a plasmando ideas en una página blanca y con un cursor latiendo como tu corazón creador.

Por lo demás, lee mucho. Investiga con mente curiosa. Después con la inquietud de esa voz interior que te susurra sueños, siéntate en tu escritorio o en el sitio que dispongas y percibe en la punta de tus dedos esa energía que fluye desde tu memoria. ¡No te detengas!

Cuando has instalado en tu mente tu rutina de escribir verás un cambio en ti notable.

Tu rutina te habrá hecho escribir a diario y verás cómo se transforma tu manera de redactar. Notarás que en el aspecto técnico eres más ágil: más fluidez, más formas de decir, más interés en aprender nuevas palabras.

Si has aplicado tu rutina te verás escribiendo no solo más, sino mejor; tus habilidades expresivas se harán patentes.

Surgirá algo hermoso para tu autoestima: te darás cuenta de que eres alguien responsable, leal a su deseo y comprometido con su sueño. ¡Y eso es maravilloso! Fíjate, no solo habrás descubierto que tienes una destreza, sino que ratificarás que te gusta sentirte importante porque estarás haciendo algo retador que se convertirá en un producto que no muchos logran llevar a cabo y a feliz término.

Al crear tu rutina de escritura desarrollas tu autodisciplina, te vuelves un ser enfocado. Admitirás que has desarrollado tu potencial para hacer algo nunca hecho antes, y eso se siente bien, te lo aseguro.

Cuando se crea una rutina escritural se invierte tiempo en uno mismo. Ganamos un hábito constructivo. Nos nutrimos de una experiencia única que pone de manifiesto cuán inteligente somos.

Tu rutina al escribir podrás ajustarla al tiempo que así decidas. Eres el creador, la creadora, solo tú puede hacerla posible. No podrás culpar a otros, eres tú y tus circunstancias para hacerlo lo mejor posible. Por ello puedes pensar en los fulanos 21 días que muchos hablan, o por el contrario y reconociendo tu vida real, ampliar el calendario a los meses que sean posibles para ti, justos para ti, solo pensados en ti.

No se trata de escribir como lo hacen todos o muchos, sino como escribes tú. Lo único imprescindible es que lo hagas de forma continua, que sea una rutina y que desarrolles un ritual que te facilite el proceso escritural.

Enciende una vela, pon un incienso; toma una copa de vino o hazte una bebida caliente, un té, un café, un espeso chocolate. Crea tu atmósfera peculiar, esa que es propia a ti, a tu manera de ser, a tu disposición anímica, a tu estilo de vida y en las horas que te apetezcan, te sirvan y te estimulen.

Si piensas en escritores famosos, o en atletas reconocidos o en aplicados artistas, todos ellos han desarrollado una rutina que les ha asegurado el éxito. Por eso este libro me importa tanto, porque es una voz de ánimo que busca auparte a hacer tu sueño tangible, medible y *monetizable*, en el mejor de los casos.

Si creas tu ritual, surge tu hábito y habrá un momento donde desees estar escribiendo. Te verás diciéndote a ti mismo/a: "yo debería estar en este momento escribiendo mi libro en vez de estar...".

Al enfocarte en seguir tu ritual, creas un hábito que es posible que te dé calma. Podrás pasar de la ansiedad de estar en modo preocupación o angustia, a estar en tranquilidad haciendo lo que tienes que hacer por gusto y placer.

Un ritual de escritura implica un tiempo gestionado a imagen y semejanza de su creador. Tú tomas la decisión del momento para escribir y las horas invertidas. Solo tú tienes un plan ideado a tu medida.

Sé productivo/a. Concéntrate en escribir como si vivieras de ello. Convéncete de que estás haciendo el mejor libro del mundo, de tu mundo, lo es, de hecho. Invierte todo el optimismo posible para hacer que tus dedos corran gustosos por las teclas y déjate llevar por la inspiración, por la voz de la conciencia, por los recuerdos.

Cada libro surge como una emanación de un suelo que ha sido trabajado de manera fértil. Allí, tal como las ramas incipientes de un posterior árbol, así empiezan a verse las palabras creciendo en ideas, en párrafos concatenados, en textos con total coherencia y cohesión.

Escribe que algo queda plasmado en la hoja. Escribe porque no hay otra manera de decirlo.

Muestra emociones. Expresa sentimientos sin cortapisas.

Desnúdate de miedos y crea ese libro que está esperando alguien allá afuera en el mundo lector.

Escribe el libro que desearías leer.

Cumple con tu papel y cuenta cómo has vivido estos años de crisis social, de cambios trascendentes. Atestigua cómo has reflexionado sobre tu vida respecto a la vida de otros. Cuenta cuánto te ha costado desprenderte de unas horas determinadas por la sociedad y cómo has podido redescubrirte en eso que significa estar a solas contigo unas horas al día frente a tus miedos, tus frustraciones, tus deseos y tus sueños.

Lee y escribe. Escribe mucho y lee. Haz caso a los que saben... Tenemos mucho que aprender de los escritores reconocidos. Pero mucho no significa imitarlos, ¡eh! Es leer para ver su *puntada* y aprender el trabajo constante de cómo *coser* bien historias significativas.

En tu libro de no ficción cuenta mucho la voz de tu experiencia, los hechos de tu vida real; las circunstancias que te han forjado como lo que eres en la actualidad.

En tu libro de no ficción has hablado desde la autenticidad, has mostrado tu vulnerabilidad y también tu perseverancia.

Has decidido escribir tu libro de no ficción porque tienes algo para compartir y deseas, con fervor, darlo a otros.

EL RITUAL CONSAGRADO

«Los rituales dan estabilidad a la vida».
BYUNG-CHUL HAN

Querido/a lector/a, estimado/a escritor/a en ciernes...

El ritual para hacer tu libro te lo he desgranado en las páginas previas. Me gustaría poder transmitirte eso bonito de sentir que estamos como magos o brujos aderezando esa poción que provocará alegrías, despertará curiosidad y agradará a muchos lectores.

He tomado muchas palabras para convencerte —o el intento lo he hecho con esmero, te lo aseguro— de que, si no tienes una rutina instalada en tu mente sobre el proceso escritural, ese libro deambulando entre tus deseos y tus incertidumbres no va a salir.

Podrás contratar a una *coach* literaria, podrás tener un guía espiritual, podrás pagar por un taller de escritura creativa, pero si no te afanas a escribir con regularidad y con seriedad, no va a salir ese producto cultural llamado libro.

Yo deseo que hayas llegado hasta aquí tomando anotaciones de esas ideas que se te han despertado, de seguro (quiero creerlo porque esa es mi intención: inspirarte).

Ojalá hayas prestado atención a esa, tu voz interior que está ansiosa de ser escuchada y ha empezado a vislumbrar con claridad —espero yo—ese libro primerizo.

Me gusta imaginarme que estás listo/a para arrancar con tu proceso escritural. Sonrío al suponer tu actitud segura de poner todo a punto para anotar en el calendario el día 1 de tu libro futurible.

La realidad y la creatividad están de tu parte, solo hace falta que las convoques como si fuera un acto de mágica aparición, para que unidas, de ellas ebulla, cual manantial vibrante, esas palabras cohesionadas, interesantes y en completitud.

En tu proyecto de creación de tu primer libro de no ficción lo que más importa es hacer repetible la acción diaria y continua de escribir amparado/a en tu propósito claro. Solo en el hacer consuetudinario y comprometido podrá aparecer el libro final, no hay otro camino.

Aquel que busque hacer un libro sin pensar que es un trabajo de tenacidad y sudor, aunque suene a drama, está equivocado de oficio. Solo con el foco puesto en el resultado exitoso por puro ego, no funciona.

Sé que hay gente que propicia los argumentos de facilidad, simpleza y rapidez, esos que hablan de resultados en dos semanas en personas que nunca han escrito nada con el objetivo de vender sus ideas. Esos que dicen que un libro se hace en un mes. Eso es una irresponsabilidad suprema, a mi juicio.

Sea que desees dedicarte a escribir o que solo sueñes con hacer un libro autopublicable, tras de esto hay poco glamur. Los estereotipos de millones de ventas, fama mundial y presencia en ferias de libros sí se logran, pero primero hay que escribir. Así de simple.

El primer libro de no ficción que hagas debería considerar el aporte que va a dejar a una comunidad, porque de otra manera de qué vale hablar de una historia sin el sello humano. ¿Cuánto aprendiste en esa caída? ¿Cómo sobreviviste a los acontecimientos adversos? ¿Qué puedes advertirles a otros soñadores antes de iniciar su carrera hacia el logro de deseos? Eso es incapaz de decirlo Chat GPT.

Contarás... para generar encuentros, para propiciar empatía. Narrarás para ayudar, para aclarar, incluso para desmitificar.

El tiempo que ocupes en ti, en tu espacio creativo, entre tus ideas, tus palabras, tus incertidumbres y tus certezas es lo que importará. **Ese libro que ambicionas ver en el futuro es la creación presente de un ritual que armarás con minuciosidad y entrega**. El amor que le ofrecerás a tus textos se traducirá en lecturas cómplices y, por supuesto en lectores agradecidos. Aunque también existen los odiadores de oficio, los criticones viles y los desinteresados. A estos personajes solo hay que agradecerles sus comentarios, allí aprendemos más de cómo somos los humanos.

Tu ritual deberá apelar al orden primero, y no, no deberás ser un/a dilecto/a alumno/a de Marie Kondo para empezar a escribir tu libro, fíjate que hasta ella se rindió ante uno u otro desorden. Solo es esperable que sigas una serie de pasos que se instalarán en tu mente productiva, día a día.

Escribir es poner el corazón entre los dedos, y estos deben bailar gozosos sin distracciones. El lugar de creación y lo que lo circunda. La atmósfera del espacio, las fragancias alrededor, la ausencia de ruidos en oposición a las melodías sugerentes. Y la concentración entre quien piensa y quien teclea, entre quien recuerda y quien recrea.

Es entre el momento plácido e íntimo entre tu computadora y tú, entre la página en blanco y tú

que podrá nacer algo memorable, algo digno de ser recordado por alguna mente fuera de ti.

Consagrarte al ritual es desprenderte de tu agenda, de tu *modus vivendi* usual. Significa trasgredir esos días de rutina, costumbres y muchas redes sociales acaparadoras de tiempo. Es estar en completa atención activa al proceso de crear vida a un relato, a una historia, a una sucesión de ideas que conformarán un libro.

Tu ritual debe estar construido con persistencia para lograr tener tu recompensa: un número de páginas determinadas a ser leídas. Haberlo seguido con determinación y fuerza de voluntad significará una labor cumplida.

La autosatisfacción que surge de algo hecho por nosotros mismos es enorme. Y no es asunto de solo ego, es un tema de amor propio, de autovaloración, de saberse capaz de decir; de sentirse con las habilidades para expresarse de maneras precisas, interesantes y hasta persuasivas. Incluso puede ser una muestra de salvación, libertad y resiliencia.

Haz de tu ritual una realidad:

1. Haz un plan. Tu libro es deseo, es casi obsesión. Si ese verdadero impulso de hacerlo es intenso y profundo debes decidir cuándo es el momento del arranque en esa carrera.

2. Ten determinación. Cada día estarás frente al computador escribiendo. He dicho antes carrera, y es eso: ir desde la partida en la página en blanco hasta la última frase y el debido punto final.

3. Sé autodisciplinado/a. Te sentarás en el sitio que hayas escogido, a la hora precisada por ti y tus circunstancias y con el ánimo de un/a escritor/a responsable con el lector o la lectora que lleva dentro. Escribe a una hora particular cada día. Determina el mejor momento para hacerlo de acuerdo con tu reloj interior y a tu rutina de vida.

4. Aíslate de los agentes distractores externos: pon tu móvil en silencio; advierte a los tuyos (si tienes familia numerosa, si vives con amigos ruidosos) de tu tiempo escritural. No abras las redes sociales en tu computador.

5. Cronometra tu tiempo de escritura. Decide cuánto vas a estar trabajando en tu escrito:

45 minutos —lo ideal como mínimo—, una hora, dos horas...

6. Escribe. Sin prisa ni estrés ni agobio. Despójate de todo lo que no te sirva... sobre todo de esas ideas de *"esto no me sale; no tengo inspiración, ¿cómo empiezo?, no sé qué voy a decir; esto suena tonto; ¿podré hacer varios capítulos?, ¿le interesará esto a alguien...?"*.

7. Toma una pausa entre diez a quince minutos por cada hora trabajando en tu manuscrito. Cierra los ojos con fuerza. Parpadea varias veces seguidas. Mira por una ventana de ser posible. Sácate la hoja blanca de la vista y llena de color tu mirada. Estírate mucho. Esto te lo agradecerán no solo tus ojos, sino tu cuello, espalda baja y muñecas. Respira con conciencia varias veces. Hidrátate.

8. Vuelve a la carrera: estás rumbo a la meta, cerca de la recompensa, recuerda. Anímate. El éxito de tu libro terminado es tu triunfo mayor. Sigue escribiendo hasta culminarlo. No te debes rendir por causa del poco tiempo, de las horas incómodas, de la familia, pareja, mascota, amigos, y el largo etcétera de excusas que pueden salir para entorpecer la

certeza de escribir la palabra final en tu libro. Celébrate ante cada avance.

9. Reléete. Ve a lo que has escrito con anterioridad, al párrafo previo, a las hojas iniciales. Asegúrate de que has dicho lo que tenías en mente.

10. Corrígete. Mejora tu expresión escrita. Piensa cómo decirlo mejor. Ponte en los zapatos de un lector crítico y ajusta lo inadecuado, perfecciona lo que no suene apropiado, interesante o claro.

11. Termina tu libro con amor y entrega. Cierra cada capítulo con precisión. Culmina con una idea que sea impactante. Entrégate a revisar que hayas hecho un trabajo magnífico, digno de ser leído.

12. Sueña con el éxito, te lo habrás ganado.

Una nota aparte que no debes obviar: **Concéntrate en restar tiempo a esas actividades que no te aportan mucho**. Y sí, esos largos minutos chateando por WhatsApp, viendo videos de pandas en Instagram o disfrutando de recetas en TikTok no te funcionan. ¿Te suena antipático? Lo lamento..., pero, a ver... Hoy, que todavía no estás dedicada/o a escribir ese libro que quieres, ¿cuánto tiempo le dedicas a las redes sociales?

Todos somos de alguna manera adictos a las plataformas y redes sociales, pero el uso efectivo del tiempo le dará la razón a tu yo escritor/a. Réstale minutos y horas a aquello que compromete tu tiempo para escribir. Analiza en qué pierdes tiempo y agrégalo a producir las ideas para tu libro. De eso se trata cuando he hablado de disciplina, dedicación y compromiso para escribir un libro.

He escrito sobre la responsabilidad del que escribe. **Si de verdad quieres hacer un libro debes tener responsabilidad con su producción**. No se trata de sentir que te estás quitando algo, es lo que estás agregando a tu vida. Ya te hablé de que un deseo ardiente forja un hábito, ¿verdad?

Escribe en tu diario o agenda el patrón que sientes al mantenerte escribiendo por un lapso y cumplir con tu cuota de escritura diaria: indica qué emoción, qué pensamiento, qué reflexión te lleva el escribir con el propósito de ver tu libro terminado. Haz conciencia de lo que haces.

Haz una cartelera con tres renglones donde indiques:

Lo pendiente	Lo realizado (listo)	Lo que está en progreso

Lleva un diario de avances. Anota cuántas páginas escribiste, cuánto tiempo total invertiste escribiendo y celebra cada logro porque cada semana deberías estar avanzando en el número de páginas realizadas.

Date una recompensa cada vez que termines tu compromiso escritural del día.

Al principio podrás pensar que es casi una obligación sentarte a escribir, pero después, con el ánimo de ver todas las páginas creadas, disfrutarás constatar cómo se engrosa ese libro escrito.

Todos sentimos el deseo de escribir en algún momento de la vida. Unos lo retardan, culpa de la autocrítica o del síndrome del impostor, mientras otros empiezan bien temprano, se llenan de éxito y ganan regalías bien merecidas.

Un escritor es un ser solitario que se acompaña de ideas en su mente que quieren ser compartidas. Tal vez no te veas así, quizá es solo un libro que quieres hacer en tu vida y ya, tarea cumplida. Quizá tu sueño no es convertirte en escritor/a consumado/a. Eso no lo sé, solo tú lo sabrás.

El hecho es que escribe aquella persona que sí lo quiere hacer.

Aquel que sonríe cuando se da cuenta de que lo que está escribiendo es bueno y vale la pena que otro par de ojos gocen con esa idea. Esa que sueña con decir lo más conmovedor del mundo sin sonar a lugar común. Aquel que insiste en decir tanto como en borrar lo que no está bien dicho.

Es escritor/a quien hace de una rutina, una manera de vivir feliz haciendo lo que su impulso interior le exige o le susurra amable a sus oídos.

Ser una persona atenta a una meta donde lo primordial es alejar cualquier distracción que le dé largas a ver el libro terminado. Agotar las horas antes de que se seque la inspiración o buscarla en los escritores preferidos.

Si deseas ser escritor/ora primero conviértete en un/a lector/ora serio/a. No me canso de decirlo. Lee todos los géneros. Invierte tu tiempo en descubrir nuevos títulos, diferentes autores, novedosas formas de contar. O vuelve a los maestros. Aprende de los que han hecho del oficio su razón de ser y sé tú el más ávido buscador de buenas historias, la más astuta investigadora de historias memorables.

Así que, ya que has decidido hacer tu primer libro de no ficción, asegúrate de que aportarás algo a la vida de alguien.

Cuenta una vida en particular, cuenta sobre la vida de otros, pero acércanos a nosotros, tus lectores, a entender cómo ves la vida y de qué manera has hecho el trabajo de vivirla.

Si haces un libro hablando de una experiencia de vida cuida hablar siempre desde la emocionalidad. Son las emociones las que te hacen conectar con la gente. Hacen que el lector se involucre, comprenda y tome como suyas tus palabras, por eso es necesario mostrar una voz genuina.

Haz tu libro para hacer la diferencia en el mundo de los negocios. Habla sobre tu propuesta de valor, convence a tus lectores de tu conocimiento y conviértelos en clientes fieles y recurrentes.

Piensa en hacer tu libro para darle visibilidad a tu marca personal. Aprovecha para darte a conocer y ofrece tus servicios de una manera firme y que sea imperecedera. Tu libro autopublicado puede ser tu garantía de éxito.

Ya lo dijo Stephen King: «La escritura es una cuestión de ejercicio. Si trabajas con pesas por quince minutos al día durante el curso de diez años, vas a tener músculos. Si escribes por una hora y media cada día durante diez años, te convertirás en un buen escritor».

Tu primer libro de no ficción debería ofrecer una solución, dar una idea, prometer un descubrimiento magnífico. Debes asegurarte de

regalar un tiempo de lectura placentera mientras le cuentas al lector cómo hiciste para superar una dificultad. Ese lector o lectora agradecerá las respuestas que has adelantado a sus preguntas. Ocúpate de hablarle de retos superados, éxitos ganados a pulso, pérdidas y ganancias en una misma hoja con el título «aprendizaje forzoso».

No dejes de pensar en agregar valor. Estamos buscando gente que nos mejore nuestra manera de ver el mundo, por ello que tu primer libro de no ficción sea la radiografía de un proceso, o bien una serie de procedimientos o quizá una experiencia de la vida de alguien de tu entorno, que nos alegre, nos alerte, nos interrogue, nos acompañe en nuestros días.

Practica tu habilidad para escribir, estimado/a ahora lector/ora, despierta tu alto nivel creativo, eso nutre tu vida intelectual. Hazte el favor de salir de dudas: ¡escribe que siempre queda algo!

Lo mejor que puede pasarte es que te conviertas en una persona escribiente muy proactiva, aunque eso conlleve que tengas un poquito de asocial en tu comportamiento, considerando los minutos restados a otras actividades. De seguro no alcanzarás las dos mil palabras diarias que crea el escritor Stephen King, pero con que hagas, al menos, una decena de buenas páginas debes darte por conforme.

Ya lo ha dicho Rosa Montero: «La tenacidad mejor que el talento».

En este capítulo he sido muy repetitiva sobre ese autoanálisis que debes hacerte, y es que creo necesario, como una amiga confidente, que dejes de procrastinar [ese verbo que alguien redescubrió leyendo el diccionario y se puso de moda], que dejes de darle largas a ese libro del cual vives diciendo que estás por hacer.

Toma la decisión y atrévete a ponerle una fecha a tu proyecto terminado. Coméntale a alguien cercano, a un par de tus mejores amigos lectores que darás por hecho tu libro en un día y mes puntuales.

Insisto: la disciplina y la constancia perfilarán tu vida de escritor/a. Si te pones un plazo, si haces un cronograma podrás ver tu producto final con satisfacción, y, sobre todo, estarás inflado/a de orgullo por tu propia habilidad de ser consecuente, decidido/a y tenaz con tu sueño.

La vida se escapa, la vida es un *reel* de 9 segundos en Instagram. Decide hacer ese libro que te trae entre sí y no. Confía en tu voz interior. Cree en ti y prepara el terreno para ver crecer tu proyecto escritural.

Tómate un café.

Hazte un trago.

Agarra un vaso de agua fría.

Prepárate un té.

Toma lo que tengas a mano para acompañar tus pensamientos reflexivos sobre ese libro que te traes no solo entre ceja y ceja, sino entre manos vacías.

Te acuerdas de que lo tienes en esa lista de deseos, ¿verdad? ¿Lo apuntaste en los propósitos y resoluciones de año nuevo, cierto? Pues agarra tu móvil y ajusta una alarma a la hora que has decidido tomar para escribir. Hazte recordatorios diarios sobre tu principal asunto de ahora en adelante: ¡Escribir!

Por fin superamos el final de ese peculiar 2020, ¿lo recuerdas? Ahora es el momento para hacer realidad ese sueño de crear tu primer libro de no ficción, ese que tal vez se gestó en pandemia y lo engavetaste, ahora es el tiempo para empezar.

Te confieso que este libro que hoy lees fue iniciado con agobiantes 24 horas disponibles, y mira está frente a tus ojos. Me llevó tres años de revisión, autocrítica y helo aquí, nacido para ti.

Ahora te digo con una sonrisa y un poquito de picardía: haz el trabajo de poner tus asentaderas sobre la silla, tus brazos en la mesa, tus dedos sobre el teclado y empieza después de un suspiro animoso.

Luego vendrá pensar en quien te lo edite, haga las correcciones que se precisen, escojas el diseño de portada más atractivo y se publique con todo el buen ánimo en Amazon, o quien quita, si consigues una editorial que se interese por tu manuscrito.

Publicar un buen libro de no ficción es una excelente idea si deseas ser reconocido/a como referente en tu sector y aumentar la percepción de valor de tus productos y servicios. Es una excelente excusa si deseas dar a conocer la vida de un miembro importante de tu familia. Es una satisfacción personal enorme si te atreves a contar tu propia historia.

Haz que el escribir sea un mapa emocional que cualquiera pueda seguir al leerte. Maneja tu proceso escritural como si fuese un barco: sé valiente, arriésgate a andar en aguas turbulentas con vendavales y prosigue el rumbo. No te detengas, saca tu brújula y sigue mirando a las estrellas para buscar inspiración. Ya sabes... ver por la ventana para despejarte y estirarte a la vez.

Escribir es estar frente a un faro con luces poderosas: allí ves más claras tus emociones, algunas enceguecen, no obstante, mirarlas bien ayuda. Si escribes con pasión y entrega, si hay verdad en lo que cuentas, será más satisfactorio el producto acabado.

Si por un momento te llegara a pesar tanto lo que escribes que necesitas parar, hazlo, para, toma aire, pero como los nadadores de largas distancias, solo por breves instantes porque debes seguir avanzando.

Si no tienes clara la idea, lee a otro, posiblemente algo se te ocurrirá de forma inesperada. La literatura nos retrata vidas y circunstancias, quizá así podrás indagar mejor en esa historia que estabas contando, y volverás a sumergirte en tus pensamientos iniciales, volverás a ti. Navegar dentro de uno es lo más valioso.

Sal y búscate en esas palabras que no sabes que puedes expresar. Escribir como si estuvieses dentro de una madriguera es lo mejor: excavas, hurgas y te metes adentro por largo tiempo, solo para salir tiempo después renovado/a.

Encuéntrate en la escritura. Conéctate al ordenador como si fueses una rémora. Nútrete de cada palabra que sale reflejada en la pantalla. Confía en tu voz interior. Cuenta, no olvides los detalles. Narra precisando cada elemento de importancia.

Relata con gusto como si estuvieras por recibir una inmensa recompensa.

Rebélate contra el ocio. Refúgiate en tu propósito. Mantente yendo de una página terminada a otra. Cúmplete a ti mismo/a: te has prometido hacer un libro. Debes hacerlo, no hay otra opción, estás entre los escritores en ciernes, entre los decididos a pensar en libros hechos por ellos. Permaneces entre las escritoras, las buscadas a serlo.

Cuando escribas tu primer libro de no ficción recuerda que mientras más puedas inspirar a otros, más afortunada habrá sido tu escritura.

Recuerda entonces qué has aprendido en tu vida, cómo has sobrellevado las angustias; cómo has manejado las crisis financieras si las ha habido en tu historia personal. Expresa cuántas asignaciones tuviste que reprobar en la carrera de tu experiencia profesional. Indica los métodos que te llevaron a reconocer que no había método alguno y tú debías crear uno a tu medida.

Al escribir habla de magia, de éxitos, de logros no buscados. Haz que la lectura sea un campo de sueños en posibles, saca sonrisas cómplices. Entretén a tu lector/a ideal con tus palabras perspicaces y certeras.

Aprecia el lugar de escritura, ese espacio de intimidad que vas a crear, ese lugar donde serás libre y te sentirás en comodidad durante cada tecleo. Siéntate bien y siéntete con confianza para lograr lo que deseas.

Escribir un libro requiere, primero que nada, confianza en uno, en nuestra capacidad de decir, en nuestra habilidad para hacerlo.

Quien escribe es como un jornalero: toma acción de lo que tiene que hacer y busca hacerlo de la mejor manera en el tiempo que le corresponde.

Con este ritual que he planteado, he buscado crear una ruta inspiradora para que alguien como tú pueda andarla con seguridad. Claro, es mi pretensión humilde porque sé que solo quien tiene un compromiso ardiente dentro de sí, es quien puede acometer la tarea de crear un sueño invalidando dudas, desmotivación o pereza.

Una salvedad importante: Aprende del oficio de escribir aunque no vayas a ser un/a escritor/a profesional. Lee mucho.

Deseo que tu meta sea hacer un libro y terminarlo, que signifique una sucesión de logros por el cumplimiento del autocompromiso impuesto; que no haya posibilidad de estar en eso de hacer un texto por hacerlo, sino que tenga como resultado último, convertirte en alguien que se ha descubierto en el acto de escribir. Sí, porque al escribir solo somos nosotros y nuestras palabras, y vaya que a veces nos sorprendemos de lo que hemos dicho.

Ojalá puedas salir mejor en esta exploración que significa hacer un primer libro de no ficción porque seguro no serás el mismo, no serás la misma después de haberlo hecho.

Nos reconocemos en nuestras palabras, al final eso somos: palabras que se sienten y se escriben para

ser leídas por otros que buscan eso maravilloso que es sentir mientras van leyendo un buen libro.

Ya lo dijo alguna vez Paul Auster: «Un libro no acabará con la guerra ni podrá alimentar a cien personas, pero puede alimentar las mentes y, a veces, cambiarlas».

He aquí mi libro como he querido.

Gracias por el tiempo para leerme.

Te deseo muchos éxitos por venir y ojalá estés muy bien. Por último, como despedida amable, si quieres compartir tus impresiones conmigo sobre este libro o sobre tu libro futurible, ¡escríbeme!, será un gustazo leerte a ti. Mi correo es: *florangel.quintana@gmail.com*

Gracias.

Florángel

Florángel Quintana

Escritora venezolana, licenciada en Letras (Ucab), docente de literatura y mentora en escritura con más de 20 años de experiencia en el manejo de la expresión escrita con propósito.

Pudo conjugar la docencia en educación superior y media durante once años con una trayectoria de trece años en el mundo corporativo dentro de las gerencias de Servicio al cliente, Mercadeo Corporativo e Inteligencia Competitiva (CANTV-Venezuela).

Ha sabido nutrirse de una serie de aprendizajes que van desde la Prospección de Mercado, la curaduría de contenido y la escritura persuasiva hasta la riqueza literaria aprendidas en sus estudios de cuarto nivel en Literatura Latinoamericana (USB), sumado a los talleres de Escritura creativa con destacados escritores venezolanos como Milagros Socorro y otros de talla internacional como Rodrigo Blanco Calderón y Juan Carlos Méndez Guédez.

Ha escrito poemas publicados en **La Casa de las Américas** y **Letralia**; ha realizado guiones para microteatro presentados en Miami y Madrid (2017). Participó en la antología ***Hacedoras: mil voces femeninas por la literatura venezolana,*** una compilación de escritoras venezolanas contemporáneas a cargo de Les Quintero y la editorial Lector cómplice (2021).

Es colaboradora de la revista digital The Wynwood Times con la columna «Manifiesto de una GenX». Es autora de dos libros previos, uno autopublicado de no ficción ***Conecta más al escribir mejor*** (abril 2020) y otro de ficción ***Historias para apropiarse*** publicado por la editorial venezolana Lector cómplice (diciembre 2021).

Desde hace siete años reside en Estados Unidos y con su empresa nacida en 2019 **FQ Writing & Editing Services** se enfoca en acompañar a quienes desean escribir un libro, asesora a profesionales que desean aprender sobre escritura persuasiva (*Copywriting* y *Stoytelling*) e imparte actividades instruccionales (talleres, seminarios y cursos) donde comparte lo que sabe para que haya más gente feliz expresando en palabras lo que ama hacer. Su interés primordial ha sido y es ayudar a quienes buscan dejar su legado escrito en el mundo.

Vive en Virginia junto a su familia. Ama correr y su propósito de vida es inspirar a quienes desean descubrir el poder de la escritura; quienes están adentrándose en procesos de transformación personal y desean ir más profundo por medio de la expresión escrita.

Usa su dedicación, creatividad y entusiasmo para que más personas valoren lo que tienen para decir, se comuniquen con efectividad y propicien encuentros nutritivos con otros.

Porque en un mundo de inmediatez y automatismo, la autora apuesta por la pausa y el enfoque en el hacer. Ella cree en la certeza de que un libro se crea desde el compromiso, la disciplina y el riguroso trabajo diario. Con su eslogan «Hazlo memorable» alienta a quien busca escribir con propósito para hacerse inolvidable.